タテマエ抜きの教育論

教育を、現場から本気で変えよう！

木村泰子×菊池省三

■ＡＤ／石倉ヒロユキ
■デザイン／上條美来（レジア）
■装画／多田玲子
■本文DTP／永井俊彦（ラム・デザイン）
■章扉写真／西村智晴

タテマエ抜きの教育論

教育を、現場から本気で変えよう！

目次

第一章

全国学力・学習状況調査は、まだ必要か

（2017年３月31日
梅田スカイビル会議室にて）

全国学力・学習状況調査の深刻な問題点

菊池　木村先生、はじめまして。僕が講演等で招かれて全国各地を訪れると、どこへ行ってもその直前に木村先生が来られて講演をされたばかりだったり、その反対で私の直後に来られるご予定がある、と言われたりします（笑）。そういうわけで、かねてからぜひ一度、お会いしたいと思っていました。

木村　じつは私も全国各地で同じ経験をして、ずっと気になっていたんですよ。菊池先生の雑誌連載等を読ませていただき、「この人は自分と根っこの部分は同じかな」と感じてもいましたので、今日お会いできるのを楽しみにしていました。

菊池　さて、本書のテーマは、「教育を、現場から本気で変えよう！」なんだそうです。僕達は二人とも、既に学校現場からは退いていますので、キレイゴトや建前論を排し、あくまでホンネで日本の教育について語り合えるだろう、というのが編集サイドのねらいのようです。長時間にわたる対話になるかと思いますが、どうぞよろしくお願いいたします。

木村　わあ、なんだか楽しみやわ（笑）。こちらこそよろしくお願いいたします。

菊池　僕は最近、教師なら本来誰もが持っているべき、「一人も見捨てない」という覚悟が弱くなってきている気がしています。年度が始まる前の春休み、多くの学校の職員室で、「この学年にはあの子がいるから難しい……」とか「今年はこんな子がいるからいろいろと大変だ……」といった声が上がっているのではないでしょうか。年度当初から教師の腰が引けているというか、自ら限界を設定してしまっています。教職員集団として、それが許される感覚になってきているわけですね。

　僕が平成26年度まで小学校教員として勤めていた北九州市では、4月1日に学級編成や担任が正式発表されます。かなり以前から、発表日までにそれらが決まらず、延々と夜までもめるという場合がありました。しかし最近は、「あの子の担任をできるのは、この先生じゃないとだめだから…」などという消去法で決まっていき、もめる以前に、ネガティブなマイナスの空気が漂う状況になっています。

　昔なら、先輩が「そんなことを言わずにお前が責任をもってちゃんとやれよ」「こうするんだよ」というふうに教えてくれて、教師集団がいい意味で縦でつながっていました。同時に職員室には、子どもについてネガティブなことを口にしてはいけないという空気が当然のごとくありました。今は若手にそのように接する先輩も減ったし、ネガティブなことを口にしても、それを周囲が咎《とが》めるような空気はありません。

今こそ、「一人も見捨てない」で一年間やっていくという教師の覚悟が改めて問われているのではないかと思うのですが、いかがでしょう?

木村　今、菊池先生がおっしゃったことが、全国の学校現場における現実です。私が大空小学校で校長を務めた9年間は、そのような空気が職員室に生まれない学校づくりをしようと努力してきました。だから、今のお話を聞きながら、「懐かしいな…」と感じていました。

私自身は、36年間学級経営をしてきた人間です。初任で自分が初めて学級を持った時は、「一人も見捨てない」ことは当たり前だと思っていました。私にとって、クラスのいちばんしんどい子が、安心して笑いながらみんなと授業で学んでいられることが、すなわち「普通の学級経営」だったのです。

その後、何年か経って学年経営をみんなでするようになると、学年チームの中で高齢者の方には高齢に適したこと、若者は若者が得意なこと、中堅は中堅にできることを活かして全員が一人一人の子どもにかかわり、自分がやりたい授業をみんなでやって、一人も見捨てないという形でやってきました。

私の原点は、「一人も見捨てない」とか、「一人も見逃さない」こと。「見捨てられた一人の子が自分の子だったら、どんなにつらいか」ということです。私たちも教師以前に一人の人として生きているわけですから……。そうは言いながら私も、長い間、自分たちの学年以外を変えようとすることは、なかなかできなかったですね。意見を言えば言うほど、学校チームがだんだん分裂していく、ということもありました。「高学年はもちたくない」という先生たちほど、職員室で大きな顔をしていて……。

菊池　（笑）。そういうこと、よくありますよね。わかります。

木村　いますよね、そういう人。そして、そういう人が突然、「高学年をもちたい」と言い出すときは、高学年にややこしい子がいない年（笑）。

大空小学校では、全ての教職員がチームとして全ての子ども達に関わっています。学級王国なんてありませんし、学年の垣根もありません。でも、こうして振り返ると、やっぱり大空小の校長になるまでは、一人のしんどい子に対して全教職員がチームになり、みんなでかかわって、できることをやろうという空気はつくれませんでしたね。だから、自分が校長になった時、何よりも、「この小学校の中でいちばんしんどい子は誰なのか」を気にかけていました。

「しんどい子」というのは、毎日変わるものです。重度の知的障害の子がいちばんしんどいだろう、なんて思っていたら、それはとんでもない誤りです。例えばその朝、親に殴られてきた子とか、いろいろな子がいるわけです。もしそんな子がいたとしたら、その日、支援が必要なのはその子ですよね。大空小ではその子を今日一日、全教職員でどうやって見ようかと考える——それが結果として良い学校チームづくりにつながっていきます。

菊池　今お話を聞きながら思ったのですが、「一人も見捨てない」ことは言うまでもなく大事だけれど、昔はそういうことをとりたてて声高に口にする必要がなかったのではないでしょうか。最近、それが当然でなくなってしまったからこそ、「一人も見捨てない」という言葉がクローズアップされてきたのだと思います。

木村　そのとおりですね。菊池先生は、その原因は何だとお考えですか？

菊池　俗にいう「悪しき一斉指導」にうまくはまらない子ども達が増えてきたからではないでしょうか。現実的には、多くの子ども達が学級集団からはみ出し、見捨てられている……だから、「一人も見捨てない覚悟を持ちましょうね」と言わざるを得なくなっているのだと思います。昔からいわゆる「気になるお子さん」はいました。でも、わざわざ「一人も見捨てない」などと言わなくても、普通に学べていました。

木村　文部科学省は、１９９０年代に「ゆとり教育」へと学力観、指導観を転換させました。本来、その時点で教師の軸足は、「教える」から「学びを保障する」へと変わっていなければならないはずでした。しかし、それがうやむやにされたまま現在に至り、２０２０年の次期学習指導要領全面実施を前にした今、「全国学力・学習状況調査」（以下、全国学力調査と表記）の結果を上げることだけを目的にしたような行政の画一的な動きが、全国で感じられます。平成28年度の全国学力調査の小学校における結果が飛躍的に改善した沖縄県などは、その最たるものではないでしょうか。

菊池 僕は、その年の暮れに、講演で沖縄に行きました。その時に、先生方に全国学力調査対策について質問したのですが、例えばある中学校では生徒会活動や行事をカットして、対策のための時間に充てていたそうです。さらに聞くと、沖縄では特別支援学級がどんどん増えているのだと言います。その先生によると、通常学級でおとなしく一斉授業を受け続けることが苦手な子どもがいると、教師が「指導」の名のもとに非常に厳しく接するため、二次障害（適応障害）のような症状が表れて、通常学級にいられなくなってしまうそうです。

木村 おっしゃる通りなんですよ。私は、沖縄県教育委員会の特別支援課からの依頼で、校長研修の講師を務めさせていただきました。聞けば、すべての沖縄の公立学校には、支援が必要だと考えられる子が一人でもいると、その一人のために特別支援学級をつくる予算が計上されているのだそうです。特別支援学級に子どもを入れると、その子は全国学力調査の対象から外れます。この調子でいわゆる低学力の子どもをどんどん対象外にしていくわけですから、平均正答率は上がって当然ですよね。

菊池 その傾向は今、全国的に強いですね。

木村　はい。私はそう感じています。それが今の悪しき教育行政です。

菊池　僕は、都道府県の教育委員会に問題があるのではないかと思っています。都道府県教委は、心理的にも物理的にも現場の教師達とフェイス・トゥ・フェイスになれません。市町村レベルの教育委員会には、まだ心ある方がいらして、現場の声にも比較的丁寧に耳を傾け、尽力されているケースもあると感じます。都道府県教委にはそういう人は皆無だと思います。

木村　各都道府県は、1位～47位の中で何位なのか、その相対的順位をどう上げていくかを、どうしても問われてしまいます。そして今はそれが、全国学力調査の全目的になってしまっている。目的と手段が完全に転倒してしまっています。だから、子どもは調査結果を改善するための道具になって、点が取れない道具はいらない、という考えになるんですね。

菊池　僕は今、高知県いの町で教育特使を務めています。そこで、「加力《かりょく》学習」という言葉を耳にしました。何のことかわからなかったので、後で聞いてみると、要は学力テスト対策の授業のことを指していたのです。また、学力調査がらみでいうと、「過去問」という言葉もよく出てきます。全国学力調査で常に上位にいる県のある学校では、朝、B問題をやって、昼に添削して、できていない子は放課後居残りでやらせているという話を先日、聞きました。一概に悪いとは言わないけれど、そこまでしなければならないのでしょうか。

ほかにも、昼休みの半分の時間を学力テスト対策に充てているとか、朝の時間にやっているとか、学力調査の点数を上げるためだけの対策は全国に蔓延《まんえん》しています。教師が子どもの方を向かず、悪く言えば県教委の方を向いていると言ってもいいでしょう。大した意味は持たない点数のために、学校教育全体がゆがめられているわけです。そうした状況がじわりじわりと広がって、気がつけば当たり前のようになっていることに対して、私は危機感を抱いています。

木村　その現象がもっとも過熱している時期が今ですね。全国学力調査の目的が、日本の学力を世界に知らしめることになっています。「見える学力」をはかることで、その数値を誇りたいわけです。「それは間違っている」ということは、百人の現場の教師がいれば、本当は百人ともわかっています。

では、全国学力調査をやめれば、子どものための授業が展開できるかといえば、次はそれを阻む別のものが必ず下りてくると思います。だから私は、全国学力調査を本来の目的に戻せばいいと思う。調査を評価に変えているから、格差がついている。では、評価に変えて格差をつけているのはどこかといえば、教育委員会なのです。

大阪市には約３００校の小学校があるけれど、大阪市の教育委員会から全校の校長に「どれだけ過去問に取り組ませたのか？」という調査が来ます。大空小の校長時代、私のところにも、指導主事から、「どれくらい過去問を解きましたか?」と何度も電話連絡が来ました。私は、「ごめんな、時間があったらするけど。過去問を一日15分したら、大事な学習が15分できなくなるねん。だから1秒もやっていない」と答えていました。過去問に取り組むこと自体を否定しているわけではありません。大空小には、それよりも優先してやるべきことがあるだけです。そんなことを伝えると、「そんなことおっしゃらずに過去問をやってくださいよ」となおも言ってくるので、「あんたが校長になったら、喜んで過去問するか?」と聞くと、その指導主事はしばらく絶句した後、「校長先生、もうしゃべらんといてほしい……」と言い残して電話を切りましたよ。

菊池 つらいでしょうねえ。言われる方も(笑)。

木村 あれ! 菊池先生、私のことを心配してくれるのかと思ったら、そっちの心配ですか(笑)。ともかく、全国学力調査が日本の教育を蝕《むしば》んでいることは間違いない。けれど、これをなくしたからといって学校教育が正常化されるかといったらそうではなく、自分達だって「おかしい」と思っていることを、教育委員会のフィルターを通して次々に現場に下ろしてくるわけです。教育委員会を変えればいいと思うけど、それは私達にはできない。となれば、子ども達にいちばん近い現場教師が、「いいものはいい」「おかしいものはおかしい」とどれだけはっきり伝えられるか、ではないでしょうか。教育委員会の言うことを聞かなかったとしても、少なくとも現状では罰せられるようなことはないのですから……。「命、大事やで」と言ったら、牢屋に入れられる――そうなったら戦中と同じですが、じつはそれに近い空気が今の学校現場にはあるような気がします。

例えば、全国学力調査上位常連の秋田県に各県からこぞって勉強に行き、自県に帰ってきた先生たちが「黙々清掃」「瞑想タイム」を実践します。私はあれが大嫌いなので、招かれた学校で一度、先生方に「黙々清掃の目的は？」と聞いてみたことがあります。すると、「合理的に掃除をするため。これが教科指導にもつながる」という答えが返ってきました。そこで私が、「では、ずっと黙っていることが難しい発達障害や知的障害と言われる子達は学校でお掃除をしないのですね」と返すと、「いや、そういう子達は違う部屋でしゃべりながらやっていいんです」と返ってきました。正直、「あんたら、子どもたちに一体何を教えたいの？」と思います。これが今、普通にある現実であり、空気です。

授業研究のあり方を根本的に変えるべきだ

菊池　行事をカットしたり、カリキュラムを変えて全国学力調査対策を行うこととともに、もう一つ問題だと思うのは、都道府県教委レベルが出すのでしょうか、「県版ベーシック」「○○スタンダード」といわれるものです。「これが1時間のベーシックな授業です。この流れでやってください」と、フォーマットを上から下ろしてくるわけです。点数が上がっていないと、授業が悪い、ということになり、「ベーシックな授業を取り入れてください」と言われる。その結果各教師の授業はどんどん画一化されていきます。

僕はそうしたベーシックに対して懐疑的であるけれど、一方で、それをやめたときに教師が自分できちんと授業をつくれるのか、という問題もあると思っています。１９９０年代に、生きる力が重要視されて、生活科や総合的な学習の時間が導入されたとき、現場の教師はいわば「自由に授業をつくっていいんですよ」と、任されたわけです。ところが、結果としては、現場教師に任されるだけの力がなかったのだと思います。あの時、教育を変える大きなチャンスがあったはずなのに、相応の実践を示すことができなかった現場側の責任でもあります。今、ベーシックをやめたとして、一体どれだけの教師がそれに対応できるでしょうか。

現在、全国でいろいろな先生方の授業を見せていただいていますが、やっぱりまだまだ挙手指名型の授業が多い。正解を求める授業です。そして、ワークシートを使う授業がじつに多い。それらを使えば、教科書を進めたという事実を残せるからです。現場の大変さは重々承知しています。ですがまずは挙手指名とワークシート、この二つを考え直すところから授業改善をスタートさせるべきでしょう。

木村 今、多くの教育現場では必死になって授業を「見える化」しようとしていますね。こういう導入から、こんな学びを習得させて、最後にこうやって振り返る。「授業の見える化」は、先生達が授業研究をして、その授業研究をお互いにプレゼンするためには役立つものです。

でも、私達が求めるものはそこではない。大事なのは、「一人の子どもがその授業で何を学んでどう感じたか」ということです。授業において「見える」ものは、子どものノートと授業の後のひと言感想くらいだ、と私は思っています。大事なのは「教師がこんな指導をした」ということではありません。子どもがノートにどんな考えやメモを書いているか、あるいは、授業が終わった後に出る子どものつぶやきだけが、私たちに返される大切なものなのです。休み時間に早く遊びに行きたいから、「おもしろいかと思っていたけどつまらなかった」とか、ほんのひと言だけですけど。

菊池 そうですね。そして正解主義の授業づくりをしていると、子ども達からはそういう反応が出てきません。なぜそのような子ども不在の授業になるかというと、教師主導による一斉授業の教授行為のみを頭で考えてつくるからです。

木村　今は多くの教師がそういうものばかりを求めていますね。それを求めて、秋田に行っている（笑）。

菊池　研究授業を参観している先生の中に、ノート片手に参観しながら、時折わざとらしく、「はぁ…」と溜め息をついてみせている人がいたりしますよね。「そんなに嫌なら帰ればいいのに」と思いますけど（笑）、そんな先生がメモをしているのは、まさに教授行為だけ。

木村　そうそう（笑）。おかしいなあ。菊池先生にぜひ、全国のそんな教育現場をぶっ壊してほしいですね。

菊池　結局、現状の研究授業は、一斉授業の教授行為、教授技術をどう高めるのか、そこばかりに軸足を置いた研究になっています。子どもの内面や、子ども同士の関係性を見るという目がないんですね。それはおそらく、教師に「一人も見捨てない」という強い思いがなければ、見えないものなのだと思います。アクティブ・ラーニングにしろ、あるいは、全校道徳（大空小学校の代表的実践の一つ。全校児童と全教職員、参加希望のサポーターが体育館に集まり、一つの課題について考え、話し合う時間）やほめ言葉のシャワー（代表的な菊池省三実践の一つ。一日の終わりに、その日の主役の子どもに対して、学級全員が一人一人良いところを伝え、温かいほめ言葉のシャワーを浴びせる）も「こういう方法でこういう手順でやるんですよ」と示したら、どの現場でもある程度はできるでしょう。でも、大前提としての子どもを見る目がなかったら、結局は形骸化するかマンネリ化するに決まっています。その結果、教師は自分自身を振り返ることがないまま、この実践はうまくいかなかったから、今度はこっちの実践、と安易に次々と手を出していきます。さらには「これもだめだった、やっぱり子どもが悪いんだ」とか、「あの実践は○○先生だからできるんだよな……」などと、言い訳を見つけて自分を守ろうとします。

木村　結局、その実践が子どもにとって必要だと思っているかどうかなんですよ。必要だったらやるしかないんです。現に、私が退任した後も、大空では全校道徳が続いています。

1990年代にあった学力観、指導観を転換するチャンスが、2020年、もう一度到来します。今回も前回と同様に形骸化してしまえば、子ども達にとっての不幸が、この先も続いていきます。そこで、今回は何をどう変えるのか。

それこそ、マニュアルは全国に氾濫《はんらん》しています。大空小でもかつて、「学びの共同体」の実践や、理科の「仮説実験授業」をやりたいと言ってくる若い先生が何人もいました。大空小は「じゃあ、やってみれば」と伝え、本人の意志でやる学校です。理科の「仮説実験授業」についても、大学の先生に授業に入っていただいて、言い出しっぺの先生も一所懸命学んでいました。

ところがそのうち、やればやるほど、その時間になると、子どもが「お腹が痛い」などと理由をつけて、職員室に逃げ込んで来るようになりました。
「なんでお腹痛いん?」とその子に聞いてみると、「『アルミホイル丸めろ』って言うから、アルミホイルを丸めたら、先生が走ってきて、『そんな丸め方、あかん!』と取り上げて、勝手に丸めて置いた」のだそうです。「『こうやって丸めろ』と先生説明してくれたら、そうしたのに……」と悔しそうに話してくれました。「理科が大好きだったのに、なんで先生はあんなに急に変わるん?」とも言われました。

私は、「仮説実験授業」を否定しているのではありません。どんな授業にも学ぶべきところはあります。でも、この授業をして周囲に評価されたいということが目的になってしまうと、子どもが見えなくなるのです。その先生は、そんな丸め方では実験が成功しないとわかっていた。だから、今まで言ったこともないようなことを口にしてしまった。その日から、大学の先生にお断りして、仮説実験授業ありきの研究はやめました。「いい経験できたね。授業の方法論は教材研究の一環として知れば知るほど、私達は豊かになる。でも、45分の授業で見るのは子どもだし、授業をつくるのは私達ではなく、子どもだよね」という結論に至りました。

菊池　すばらしいご判断です。普段はお子さんが見えていた先生なのに、授業が目的化した途端に、子ども不在になってしまったのですね。

木村　その通りです。大空小では、授業の中での挙手指名はやめました。挙手している五人の子どもの中から、今これを言いたいのは誰かという子どもの心の底まで読んで、指名する子を決めているでしょうか。自分が授業を進めやすいよう指名しているのではないでしょうか。特に時間がなくなってきた時にはそうなりがちだろうと思います。

突拍子もない発言をしそうな子を外し、良い授業に見せようとする研究授業や学習参観、研究授業の事後検討会……大空小では全部やめました。

全部やめた時、どうやって授業研究をしたかというと、日常の授業の中に入って、みんなで子どもを見ることにしました。

大空小では、1週間に1回、先生が三人組くらいになって授業に入って見合います。それぞれ見合って感じたことを、職員室のホワイトボードに書き出しています。「○○先生はこう言っていたけど、それは独りよがりでは？」とか……。

大空小では、見える学力と見えない学力を明確に区分けしています。見えない学力＝10年後に必要な力として、毎年四つ設定するのですが、

今のところそれは、①人を大切にする力、②自分の考えを持つ力、③自分を表現する力、④チャレンジする力で、ずっと変わりません。

例えば、「分数×分数の計算の仕方を考えよう」という課題の算数の授業を三人一組で

見る場合でも、私達が見ているのはその授業で正解を導く過程ではありません。45分の中で、先ほどの四つの力をどれだけ獲得したか、ということを、子どもの姿を見ながら考えています。

そうなって初めて、授業研究が「一人の子どもが育つ」というところにつながっていきます。「先生は授業が上手ですね」と外部から評価されるために、授業研究があるのではありません。

菊池　本当にそうですよね。定期的に訪問している高知県いの町でも、来年からは授業を見せていただいた後に、子どもの変容という視点で協議会を持ちましょうという話をしているところです。

木村　研究授業と言えば、秋田県では、「示範授業」という言葉を、たくさん聞きました。スーパーティーチャーっていうやつですね。

菊池　研究授業で、教えるのが凄く上手だと評価されている先生方ですよね。繰り返しになりますが、授業研究一つとってみても、多くの場合、子どもの変容という視点では行われていません。やっぱり、教師の教授行為がどうだったかというところのみをクローズアップして、それを研鑚《けんさん》し合うものになっています。

とは言え、管内で集まって行う授業研究に比べると、それぞれの学校での校内研修は、意味があるものだと思っています。校長先生以下、「Aちゃんが今日はこんなことを言っていた。去年はこうだったのに成長した」とか、比較的個のストーリーについて語り合うことができる場だからです。

教える方法論・技術論だけに目を向けるのではなく、「一人一人の子ども達の学びはどうだったのか。それがどうつながるのか」というところに時間を割いて研修をすべきだと思います。結局、教師が子どもを見ることができない、そのような授業をつくれないというのは、これまでにそういう研修を受けてきておらず、学んできていないからです。だから、当たり前のことかもしれないけれど、同じメンバーでじっくりと、子どもの変容を意識した学びを継続すべきです。大上段に「研修」と構えなくても、休み時間や放課後の比較的短い時間を活用する形で実現できると思います。

木村　先生がどう上手に授業を流すか、先生がどんな教材研究をするか、先生が子どもをどう評価するか――授業の主語はすべて先生になりがちですよね。それが大きな間違いだと思っています。授業の主語は子どもでなければいけません。そして、授業は一人一人の子どもに対して、開かれていなければなりません。授業というのは、子どもがなりたい自分になるために学ぶ時間です。45分の授業が積み重なって、10年後には子どもの中に、自分の引き出しがたくさんできていくわけです。そう考えていくと、その子自身がなりたい未来の姿や、これまでのその子の過去について、私たちは何一つわからないのだ、という事実に改めて突き当たります。

今までの多くの授業の形は、子どもに対して開かれていませんよ。例えば、先生が説明し始めたことに対して、子どもが「あっ、俺それ知ってる！」とか、よく言いますよね。すると先生に、「言いたいことがあったら手を挙げなさい」と言われるわけです。仕方なく手を挙げて当ててもらえて初めて「あのね…」と、やっとしゃべり始めることができる。そのうちに今度は「お返事は？」などと言われ、次には椅子を直すことを注意される。その時にはその子は、「もう、どうでもええわ……」となってしまっているんですね。

前に立って教えるという当たり前の行為を疑おう

菊池 教室は黒板があって教壇があって、先生が立って、ある知識・情報を一斉に伝達しやすい作りになっていると言われます。そういう教育の仕方を教えられ、それを疑いもなく受け入れてきて、疑いもなく授業をし続けていることの功罪を意識しなければ、どうしても変えきれないんですよね。

例えば、「朝の会」「帰りの会」だって、教師が画一的に統率するための名称そのものじゃないですか。今から始めるぞ、今日はこれで終わりだぞ、と教師が決めているわけです。こういうことに疑いをもたなければならないと感じています。

木村　そうですね。そういうところを意識した人間が変えていけば、学校は変えられる。

例えば、講堂で行われる月曜日の朝会ですが、校長はいつも舞台に上がって、そこから話をする。なぜ舞台の上に立つのかというと、それが慣習だからです。

でも、大空小で私は、舞台と反対側の入り口に立っていました。子ども達は舞台の方向、前を向いている。普通だったら、入場のための音楽が止まると、校長が前に出て行って「おはよう！」と始まるのだけど、前に誰もいないので、子ども達は「校長先生どこ行った？」と探します。そして、「あっ！　後ろにおった！」となって、さっと後ろを向いて、「おはようございます！」と始まるのです。子ども達は柔軟ですから、次の朝会の時には、「先生は前に立っているのが当たり前」という考えはなくなっています。今日は横にいるなとわかれば、横を向くし、私がぱっと立って何かをしゃべろうとすると、子ども達は自分の意思で勝手に集まってくれるようになります。いつも先生は前にいて、画一的に並ばされているという受け身の姿勢とはまったく違います。

菊池　教師はいつも前にいるといったことが、教師の権威だと思っているのでしょうね。今の話を聞いていて、私の師匠である桑田泰助先生の話を思い出しました。桑田先生が小学校の校長を務められていた頃、全校児童が体育館に集まるとき、担任が先頭に立ち、その後ろを子どもがぞろぞろとついて歩いて、所定の位置に並んでいく姿が「異様に見える」とおっしゃっていました。年度初め、何年何組はどこに並ぶかを示す時ならわかるけれど、毎回毎回、1年間ずっとそれを繰り返す。そのことが不思議でたまらない、と言われたのです。三学期になっても、「ほら、そこちゃんと並びなさい。何しゃべっているんだ」と担任の先生が叱るわけです。まるで周りの先生に、「この子達がダメだから、私はこんなに頑張っているんです」とアピールしているようにすら感じます。「椅子を入れなさい」もそうだし、「立ったら『はい』と返事をしなさい」も「黙って移動しなさい」もそう。教師の権威を保とうとする心情が、ゆがんだ形で表れているのだと思います。

木村 「そういうことをする先生はダメなんだ」ということに気づいた先生が、「あんた、馬鹿みたいなことやめときや」という空気をどれだけつくるかですね。授業でも同じことです。手を挙げた子を教師が指名するのではなく、「言いたい人？」と聞けば、10人くらい子どもは出てきます。「じゃあ、どうぞ」と言うと、最初は「えっ、誰から言うの？」と困惑する。でも、「言いたいんやろ。私が順番決めるの？」と一度言えば、「ううん、大丈夫」と、自分たちで話し合って決めるようになります。子どもにとってこれが当たり前になると、普段は意見を言わないような子が出てきた時には、「先に言う?」と自然とその子に譲れるようになります。これが子ども同士の関係性がつながるということです。

菊池 残念ながら、多くの教師はそのような子ども同士の関係性を見る目を持っていませんね。

木村 だから私は、アクティブ・ラーニングとは、先生がアクティブになるものだと思っています。そもそも、子どもは先生が邪魔しなければアクティブですから。

先生方こそ、アクティブに学べばいいのです。さっき言った四つの力（見えない学力）について、私は先生方に「この四つの力を子どもに付けさせる力を持っている人、おる?」と聞くようにしています。例えば、「人を大切にする力」、これはものすごく大きな学力です。この力を、「学級30人、全ての子どもに付けさせることができる?」と聞いて、「できる」と手を挙げられるわけがありませんよね。そこで、「できないなら、どうするの?」とさらに聞いて、「ああ、自分一人では無理だ…」ということが分かった地点から、教師は初めてスタートできるのです。

菊池 セミナーや講演の最後に、「感想やご質問ありませんか?」と言われても、誰も手を挙げないことがよくあるじゃないですか。それと同じですよね（笑）。アクティブ・ラーニングは、教師自身がアクティブにならなければいけないとか、コミュニケーション能力が必要と言ったとき、まずは自分が体験してみないことには絶対にできませんよね。それなのに、教師は自ら体験しようとせず、教えることのみで、「わからなければ子どもが悪い」と考えてしまう。これこそ、悪しき一斉指導の思考パターンです。この思考を変えなければなりません。そうしないと、言い訳ばかりを繰り返す教師が育つことになると思います。

木村　そういう先生は、子どもを見ていない。目の前の子どもを見ることこそが教師のやるべきことなのに、子どもを見ないで、教育委員会や管理職ばかりを見ていたりする。

菊池　そのとおりです。僕は新任の頃、3歳くらい年上のある先輩と一緒に北九州市の国語教育研究会に入っていて、土曜日の放課後にはよく研究授業を行っていました。二つの教室で先輩と僕が同時に授業を行います。授業の最初は先輩のほうに参観者が圧倒的に多いけれど、後半、徐々にこっちに来るようになります。なぜなら、先輩は「気持ち悪くなるくらい気持ちを問い続ける」物語文の授業をしていたから（笑）。僕は、それは違うなと思った。でも、先輩はそのまま出世コースに乗って、どんどん偉くなっていきました。

　その後、その先輩が異動されて、後を追うように僕もその学校に異動になりました。その学校は特別活動の研究校でした。そこで、初めて研究テーマである学級会を見たけれど、先輩の学級のそれは、話し合いが成立していないのです。そのときに、研究で重要視されるのは「形」なのだと気づきました。いちばん大切なはずの、子どもが意欲を持って取り組む、あるいは楽しむということがないがしろにされていると感じたのです。その後、私はその先輩とは違う道を歩み始め、北九州市教育委員会に叩かれるようにもなりました。「戦いの歴史」の始まりです（笑）。

木村 私が若い頃、職員室には、3月になると国旗の掲揚や、国歌を歌う・歌わせることについて反対する先生方がたくさんいらっしゃいました。そういう先生方は、言葉では「子ども達にとって国歌斉唱が必要なのか」「子ども達のためには…」といったことを言っていた。でも、彼らは普段、自分の言うことを聞かない子ども達に対し、日常的に体罰を振るっていました。「なんで俺の言うこと聞けへんねん！」と、パパン！ とやっていたのです。信じられませんでしたね。「子どもを見ていない」という点では同じですね。

菊池 僕の父親は、愛媛県の中学校の教師でした。そして組合員でした。かつて、全国学力テストと教員の勤務評定に徹底的に反対し、それでも辞めなかったから、結果として広域人事で愛媛県内をたらい回しにされることになりました。だから、僕も父に連れられて転校ばかり繰り返していました。

木村 菊池先生は、子どもの頃からそういう空気を吸って育ってきたんですね。

菊池 父の時代の愛媛県は、組合も芯があったのだろうとは思います。その後僕は、北九州市で教員になります。北九州市も当時は、組合と管理職とが喧々囂々《けんけんごうごう》とやり合っていましたが、同じ組合でも時と場所が変わればまったく違っていて、それも私が反発する理由の一つになりました。

そういえば、国旗・国歌の問題が注目を浴びていた頃、ある新聞の四コマ漫画に、こんなのがありました。中学校の職員会議で、国旗・国歌の問題について激しい舌戦が繰り広げられている。でも、その職員室の窓から見える中庭では、生徒達が堂々とタバコを吸っている——というのがオチ（笑）。

話は戻りますが、研究会で見た先輩の授業がちょっと違うなと思ったことが一つ。そして、教育現場ではキレイゴトばかりを言うけれど、教師達は相反することを疑いもなくやっているじゃないか、ということは、若い頃から感じていました。

「分からない」と言える子を育てよう

木村　これだけは絶対に信用できないと思っている教育実践があります。それは、「集団行動」です。
例えば、子ども達一人一人に授業が開かれていて、誰かがわけのわからないことを言い出したとしても、「お前、それでいいけど、もうちょっとだけ考え直せよ」などと子ども同士がフォローし合って、いい授業をつくることができている学校があるとしましょう。ところがもしその学校で、「集団行動」の名のもとに、「気をつけ」「前ならえ」「直れ」「休め」「誰や、しゃべっているの！」みたいな指導も同時に行われていたとしたら、結局子ども達の幸せな未来にはつながらないだろうなと考えています。そうした指導を受けている子ども達自身が大人の指導に矛盾を感じてくれているならまだいいけど、「場面ごとに態度を使い分けておけばいい」というようなロボット人間を育ててしまっているとしたら、まったく意味のないことです。

「気をつけ！」「前ならえ！」と先生が言ったときに、「何で先生、そんな命令するの？ 先生に言われなくても自分達で並べるから、先生はちょっとどいて」と言える子どもに育っているかどうか。その子は、教師という圧力がないからこそ、そんなふうにつぶやけているんですね。授業では、子ども達一人一人が一瞬思ったこと、感じたことをどのようにつぶやけるかが大事で、そのつぶやきが出てきてこそみんなが豊かになる。そんな授業をしようと思ったら、先生は子どもから学ぶしかありません。日常の「おはよう」から「さようなら」までの中で、子どもに「今、先生の言ったことおかしいよね？」とつぶやかれたとしたら、先生は「そうか、今私はおかしいことを言ったんだ……」と気づくことができます。それこそが教師の学びにつながります。

菊池　教化と感化の両方が大切なはずなのに、教化の中の特定の部分、学力調査の結果ばかりが評価されているのが現状です。小学校の先生は200日、1000時間やっているわけですから、子ども達を確実に感化しています。朝から帰りまでのすべての教師の振る舞いによって子ども達を感化しているわけですけど、ここが評価されないことが問題です。子ども達が「これはおかしいじゃないか」と思って口にできて、それを受けて教師もまた考える。覚悟を持って感化にも自覚的になり、1年間を見通して、子どもたちをどう育てるかが教師の力量であり、担任にとっての重要なポイントです。

木村　学級にいる30人の子ども達全員を、自分一人できちんと指導しなければならない、という立ち位置の担任がいたら、それは化石時代の教師と呼ぶべきだと思いますね。30人の子ども達を、自分の価値観、自分の指導にはめようなんて教師の横暴です。そういう先生は、「指導という名の暴力」を振るっていることに早く気づいたほうがいい。

教師が「指導しなければならない」と思うと、例えば子どもに対して「絶対に泥棒をしてはいけません」と言うことになるけれど、私が言いたいのは極端な話、親にネグレクトされていて「このおにぎりを盗んで食べなければ死んでしまう」という状況に置かれた子どもに対しても、「泥棒してはいけない」と指導できるのか、ということです。たくさんいますよ、そういう子。

菊池　木村先生のおっしゃるとおり、教師の頭が教科書ありき、マニュアルありき、○○県版ベーシックありきの発想になっていることが問題です。だから、「ちゃんとしなければならない」「ちゃんと教えなければならない」「ちゃんと教科書を進めなければならない」という考えに、どうしてもなってしまう。1年間の指導の見通しは、教科書のカリキュラムの見通しとイコールではないということを忘れてはいけないと思います。

木村　そう。本当にそう思います。教科書なんてあるのだから、当然利用するに決まっています。他の学校から大空小に異動してきたある先生が、次のような悩みを打ち明けてきました。

「これまでは先輩から、『分からない、と言う子を育ててはいけない』と言われ続けて、新任から4年間、いかに子どもに分からせるかを考えて努力してきました。でも、大空小に異動して来たら、「なぜ子どもが『分からない』と言えないの？　『分からない』と言える子を育てなさい」と言われるようになりました。自分は一体どうすればいいのですか？」

本人は悩んでいるようでしたが、私に言わせれば、それまで「『分からない』と言う子を育ててはいけないと考えていた」という事実が衝撃でした。「何もかも子どもに分からせるの？　じゃあ、あんたはその子の過去も未来も分かるんか？」と本人に聞いたら、もっと混乱していましたけど。

菊池　問題はそこです。教師の多くが「子どもは教えれば分かるものだ」と考えていることが問題なんです。そういうふうに考えているからこそ、支配的な学級の空気をつくり、授業の中で一方的な指導を行ったとしても、子ども達が「いいで～す」と合唱するような学級になっていくのでしょうね。じつは、「分からない」と素直に言える子を育てるというだけで、従来の考え方を180度転換することにつながります。「いいです」「同じです」はやめましょうと、長い間ずっと言われてきているのに、指導観の中でその意味をじっくりと考え直していないのでしょうね。

木村　これは私も含めて、それでは、そんな教師はどうすればいいのでしょうか。教師が自分の成功体験や失敗体験から学んだことを、子ども達に助言としてつぶやくのはいいと思います。いいと思うけど、教師達が持っているマニュアルは、じつは全部過去のものです。私は今、全国各地の教育現場で講演をしていますけど、自分のしゃべっていることについて、「これ、大事やなあ」と思うようになったら、もうどこにも行かないようにしようと決めています。

私はいつも話しながら、「これでいいのかな?」と考え、聴衆の皆さんの反応を見て、「あっ、そうか」と方向転換したりしている。いつも、「ここで、私は何を学んだかな」と考えながら話しています。「これでいい。これが正解」と考えたことを伝えるために講演に行くのだとしたら、それは私が過去に学んだことを伝えに行くに過ぎません。

でもね、1分先は今言っていることが通用するかどうか分からない未来なんですよ。東日本大震災以降とくに、私はそのことを強く感じています。つまり、「これでいい」と思う自分がいるとしたら、それは化石に過ぎない、ということです。

菊池 教師の学びの意識として、「この手法をやっておけばいい」とか、あるいは、これは他のさまざまな教育活動とリンクしておらず独立している、といった認識で学ぶ傾向が強いように感じます。学びは複合的であるし、完成形はないわけですから、常に現在進行形で修正改善しなければならない。にもかかわらず、教師の学び自体が悪しき一斉指導の思考法、つまり、知識・技能重視で正解ありきのスタイルになっているから、子どもに対する指導方法もそこにとらわれてしまうのだと思います。

木村 学校現場の多忙化のせいもあって、今はそういう流れがとても強いですね。

菊池 教師が常に、自分自身を否定し続けられるかが重要だと思います。

木村 大空小の校長9年目、最後の年に、私が自信満々で授業をしていると、ある子が突然教室を飛び出して行きました。その瞬間、ショックのあまり思わず「○○、何で飛び出したん?」と、子ども達に聞いたんです。すると子ども達はすぐに教えてくれました。

「だって、先生、なんで『今日は順番に音読しよう』なんて言うん?『音読しようか』と言えば、いつものようにグループで音読するやんか?」と言うのです。

私にはその時、「こんなに音読が上手になったんだから、一人の音読をみんなで共有しよう」という思いがあった。要はその瞬間、マニュアルを持ち込んでいたのです。「グループでなら○○は絶対に読んだのに、みんなの前で一人で読むなんて、○○にそんな勇気はない!」と子どもが教えてくれました。

「私が間違っていた。ごめん!」という思いしかありませんでしたね。

関係性の中で豊かに学べば学力も上がる

——2020年から全面実施される学習指導要領の重要なキーワードの一つ、「カリキュラム・マネジメント」について、お二方のお考えをお聞かせください。

菊池　教科領域だけの横断を考えがちですが、小学校なら朝の会から帰りまでの全時間で考えなければなりません。その発想がないと、一斉指導で知識・技能を教えるために、これとこれとこれを関連させればいいというレベルで終わってしまう気がします。大げさかもしれないけど、カリキュラム・マネジメントには、「人間を育てる」という視点で取り組むべきです。

木村　同感です。「おはよう」から「さようなら」までの間で、子どもがどう育つか、が大切です。授業だけに特化して、カリキュラム・マネジメントに取り組むのは間違いです。高学年では「英語70時間をこうやって教えなければ……。そのためにこの教材を全部消化して……」と、英語なんて大嫌いな先生がやろうとするわけですよね。できるはずがありません。

２０１１年に五年生・六年生に外国語活動が導入されたとき、大空小では「これはおかしい」と、みんなで考えました。教科書のような読本を持ってきて、先生たちは英語ができないから、ネイティブをよこして、でも、「ネイティブが授業をするのではない。先生が授業をするのです。ネイティブはサポーターです」というちぐはぐなことを行おうとしていた。何としても英語を導入したいという、今の道徳の教科化と同じような空気が10年前にあったわけです。

大空小では当時、「こんなのには乗らんとこう」と話しました。将来的に英語に抵抗がない人間になることが目的で、受験のための英語が目的ではない。そう考えたら、英語をいちばん身近に感じるのは、六年生ではなく一年生です。カリキュラムの中に五・六年生の英語を数時間入れなければならなかったけど、その時点から、「一・二年生の生活科、国語、音楽等、どんな授業でもいいからどこかに英語を入れよう」ということにしました。

でも、私たちは英語ができないから、地域の人に「一年生、二年生と英語の授業をしたい人いますか?」と聞いたら、英語の先生の資格を持っている人、英会話教室を開いている人等、数人が志願してくれました。今でもそれが続いています。だから、外国語が教科化された後も、大空小では何の抵抗もなくやれると思います。

カリキュラム・マネジメントとチーム対応は一体です。なぜ大空がチームで動くようになったかというと、先生達が「自分のクラスを一人で見るのなんて不可能」ということを心の底から実感しているから。そこからスタートしています。だから、大空小の教員に「あなたの子どもは何人ですか?」と聞いたら、全員が「(全校児童の)260人です」と答えます。一人の教師が自分のクラスの30人全員を見るという感覚はもう古い。一人の子どもが30人の教師を選べるほうがいいんです。今困っている子どもが、担任に助けを求めるのはしんどいと思えば、校長室や職員室、地域のおばちゃんに助けを求めることができる。そんなふうに、子どもが自分で選択して動ける空気をつくること、それがすなわち、学校チームができるということです。そういうベースがあって、初めて子どもはフリーに動けるのです。

菊池　1対30という発想が強い教師は、「教科書を教えなければいけない」「英語が増えた。70

時間やらなければ」と考えます。木村先生の今のお話を聞いて、全部がつながっているように感じました。何より、そういう考え方だと、教師自身が楽しくありませんね。

木村　そうなんですよ。それ！　小学生のやわらかい発達段階のうちに、「学び楽しい！」ということをアクティブに学べば、その子は生涯にわたって楽しく学び続けます。「学びは楽しい」ということを子ども達に伝達しなければならない先生が、「学びは苦しい」なんて思っていたら、子どもから信用されるはずがありません。

大空小に異動してきたある先生が、いきなり学習シートを配って、「朝学校に来るまでに自分からあいさつしたら◎、言われてあいさつしたら〇、あいさつしなかったら△。これを今日からつけます」と、言い出したことがありました。

大空小は、それまであいさつ指導なんてしたことのない学校です。だから、子ども達が「今度来た先生、変だから、校長先生の出番やで」と言いに来たことがありました。「何が変なの？　変という言葉を使わずに、説明して」と言うと、「だって、あの先生、『あいさつは大事や。あいさつをしたら人は幸せになる。あいさつするだけでたくさん得する。だから、必ずあいさつをして表をつけなさい』と言うけど、自分は全然あいさつしてへん。今朝、先生の後をつけてきたけど、地域の人があいさつしても知らん顔して通った。職員室にもだまって入った。得やったら、何で自分はせえへんの？　得なことって自分がいちばんにするやろ」と言ってくれました。これが子どもの感覚です。ということは、「学びは楽しい！」と先生達が楽しんでいたとしたら、子どもは「自分達もやろう！」と絶対に思うものなのです。

菊池　やっぱり教師が、「学ぶ人」でなく「教える人」になっているんですよね。

木村　人間、何が楽しいかというと、「学べている」と感じることが楽しいんです。いろいろな場所で講演をさせていただいて、いろいろな話をするけど、その度に「なるほどな。これに気づいた……」と、いろいろな学びや気づきがあります。今日も菊池先生とお話しさせていただいて、とても楽しいです。「やっぱり、そうやねん」と思っていたことを再認識するのも、自分が変われる瞬間です。「私は気づいていなかったけど、それはこれにつながるよね」なんて気づくことができれば、その瞬間から自分が変われるでしょ。学びとは、自分が変われるということを感じることです。人に評価されることによって自分の学びが楽しくなるのではありません。この年になっても変われる自分を感じると、絶対に楽しいです。だから、生涯学びは楽しい。

菊池　あえて授業レベルの話をするなら、「対話」の楽しさですよね。そこには、新たな気づき・発見がある。一斉指導型の授業を黙って静かに聞いていて、「できたか、できないか」を聞かれるばかりでは、そこに対話は生まれません。

「安心して学べる環境があれば、子どもの学力は上がる」ことを、教師は実感を伴って理解しなければなりません。「子ども同士の関係も大事だけれど、学力も大事……」と考えるのはもうやめましょう。一斉指導が通用する時代に優秀な成績で教員になった多くの先生方は、関係性の中で学ぶことが、豊かな学びにつながるという経験をしていないのだと思います。頭では理解を示すけれど、そうした学びで学力も上がるということが、肚に落ちていないのです。

木村　菊池先生が今おっしゃった「授業の中で安心して学べているか」がキーワードです。安心して学んでいたら、学力は結果としてついてきます。だから、目の前の子が安心して「分からない」と言えているか。分かったと思うことを自分の言葉で伝えているか。そこを基準にすれば、おのずと授業は変わります。

２０２０年の改革が失敗したら、日本の教育は終わりですよ。これでも10年遅い。それでも、「自由に、存分に授業を変えていい」とお役人さんが言っているわけです。カリキュラム・マネジメントにしても、学校の中だけに閉ざされた画一的なものではなく、「社会に開かれた教育課程」と明文化されています。水戸黄門の印籠をもらったようなものです。今まで印籠がない時代に、「それはおかしい」と悪戦苦闘してきた苦しみとは違います。先生方がどうして自由に、のびのびと楽しまないのか、不思議でなりません。

菊池先生も普通、私も普通の教師ですよ。普通の教師同士だから話がつながるのです。こんな言い方をしたら失礼かもしれませんけど、菊池先生が凄い先生で、『みんなの学校』(大空小学校を舞台にした映画のタイトル)が凄い学校だ、という評価をしたら、教育はとんでもなく間違っていきます。大空小学校は普通なんです。菊池先生が実践されていることも普通なんです。

菊池　本当にそう思います。私は北九州という一地方の、一公立小学校の、一教諭に過ぎませんでした。成長ノート等で教師が子どもたち一人一人とつながりましょう、ほめ言葉のシャワー等で子ども同士の関係性もよくしていきましょう、そういうことを土台にして、対話のある楽しい授業をつくっていきましょう――そうした私の実践は、ごくごく普通で、当たり前のことです。

「ほめ言葉のシャワー」とか、「全校道徳」は、ネーミングによって特別なことをしているように思われるかもしれないけど、当然ながら大事なのは目的ですし、全ての教師は「子どもを育てる」という目的を大事にすべきです。それなのに、そういう意識が薄いから、「こういう素晴らしい実践もあるのですね。でも、私にはできないかもしれません……」などとおっしゃる。

木村　目の前の子どもを見て、その子達のために仕事をするというのは当たり前です。それなのになぜ、多くの先生が子どもを見ずに、管理職や教育委員会の方を向いてしまうのか。それは、先生が評価されるからですね。大阪市は校長が教員を評価して、それが給料ベースにつながっています。評価基準は「S・A・B・C・D」とあって、Bまでが合格。Dが付けられると、指導力不足ということでOB校長の待つところで修業し直します。それでも使いものにならなければ、クビになります。でもね、大空小のように、一人の子どもをみんなで育てようとしていたら、教員一人一人を評価することなんてできません。

校長がこの人は能力のある先生、この人は能力のない先生と評価することは、学級の中で勉強ができて先生の言うことを聞く子を可愛がって、ややこしい子はいないほうがいいという評価を子どもに対して下すこととまったく同様です。

学級にややこしい子がいるからこそ、その周りの子はたくさんのことを豊かに学べて、10年後の社会を生き抜いていく力が育つ。それと同じで、職員室には頼りない先生も必要なのです。一人の子どもをみんなで育てようとしているのだから、子どもが育っていさえすれば、先生達はみんな合格です。そこで、大空小の教員評価は、それぞれの自己評価をそのまま上げようということにしました。もちろん全員合格です。

そういう評価結果を上げたら、大阪市教育委員会が連絡してきて、「この結果はあり得ません。学校にはできの悪い教員もいるはずです。相対評価をしてください」と言ってきました。できの悪い先生が学校にいようがいまいが、みんなで社会をつくっていくのです。できの悪い先生は、とてもいい教材になりますよ。できが悪いからといってサボるのではなく、そのことを自覚して、他人の力を活用すればいいんです。それができたら、その人の評価はグッドです。それを市教委が認めないと言うので、「子どもが育つ＝私たちの給料＝評価のはずです。校長の言うことを認めないなら、学校に来て自分の目で子どもを見てください」と言いました。すると本当に見に来られたので、一日各教室を回ってご自分の眼で子どもの姿を見ていただきました。その日、その人が帰る時に、「自分は納得しました。でも、教育委員会に報告するのに、他の学校との整合性が必要になります。ですから、この教員をどうして合格点にしたのか、申し訳ありませんが一人ずつ全員分書いてください」と言い残しました。だから、「子どもの成長に寄与している」と、全員について同じことを書いて出しました。大空小の教員評価は、毎年これで通っていましたね。

菊池　（笑）。痛快なお話ですね。

木村　あら、もうこんな時間ですね。今日は言いたいことが言えて楽しかった！　菊池先生、今日はありがとうございました。

菊池　こちらこそありがとうございました。

第二章

特別支援教育の本質を問う

（2017年９月25日
梅田スカイビル会議室にて）

「教師にとって困る子」が特別支援学級に移される

菊池　PISA（OECD生徒の学習到達度調査）の結果で出ているように、日本は科学や数学の点数では上位になったけれど、「学びが楽しいか」と問われると下位に低迷しています。こういう現象は、今、どの教室でも起きていることですよね。100点を取っても嬉しくないという学びが、すべての教室に蔓延しているのかもしれません。国際調査でこうなりましたと言われても、教師は「あぁ、そうか」くらいにしか気に留めません。「それでは自分の学級はどうだろう?」という思いには至らない。全国学力調査にしても同じです。単なる結果でしかない。今日は、そのあたりからお話を始めてみたいと思います。

木村　私は、その数値（結果）をなぜそんなに信用するのだろうと感じます。

またもや全国学力調査の話になってしまいますが、先日、秋田県のある大学に行ったときに、小学生の子どもをもつお母さんがボランティアでついてくれたので、「秋田は全国学力調査トップで凄いね！　理由は何?」と聞いてみました。するとその人は、「家庭教育」と即答しました。家庭教育が半端じゃない。えげつない量の宿題が出て、その丸付けを親がする。間違っているところを親が教えて、学校に持っていく。あらゆる県の先生による秋田県詣では今も続いていますが、行った人はみんな「家庭学習をすれば点数が上がる」ということを勉強してくることになります。

大阪市なんて学力調査結果を上げるよう通達が来ますよ。家庭学習のマニュアルが送られてくるし、どんな家庭学習をしているかという調査も入ります。そんな調査が入った時、私は、「家庭学習はそれぞれの家庭が独自にしていることでしょう。学校は一切関与しません」と返事をします。当たり前のことじゃないですか。

菊池 僕も秋田に行った時に、教育委員会の方に「保護者ってどうですか?」と聞いたら、北九州市では一度も聞いたことのない言葉が返ってきました。「従順です」って(苦笑)。車で会場まで行く間に、「県営住宅や市営住宅はないんですね」と聞くと、「だいたいが持ち家です」とも言われました。つまり、秋田県ではご家庭がしっかりしていて、おじいちゃんやおばあちゃん達も協力して子どもを養育しているわけで、全国学力調査という面においては、北九州市は絶対に勝てないと思いました。

木村 だからね、競争したいならスポーツマンシップに則《のっと》って競えばいいんですよ。一方は土俵で相撲を取っているのに、もう一方は泥沼で相撲を取っている。踏ん張れるわけがないじゃないですか。条件が違いすぎます。それなのにどこが勝った負けたと言って騒いでいるのが、日本の教育行政です。

秋田で同行してくれたそのお母さんに、「母親が遅くまで働いていて、宿題を見てあげられなかったらどうするの？」と聞くと、「そういう子は学校に行けなくなってしまいます」と言っていました。秋田県全体がそうだとは言い切れないと思いますが、家庭学習ができない状況に追い込まれると、親が学校に行かせなくなるのだそうです。きっと、「従順」だから諦めてしまうんですね。すると、「学校はこんなに面倒を見ようとしているのに、親が悪い」で終わる。

人間、地べたを這った経験があると、こうした生の声が分かります。一人でもそういう状況に追い込まれた子がいて、あとの子ども達が全員良くなったとしても、「その一人が自分の子だったら……」と思いませんか？　教育ってそこですよね。なぜ一人も見捨ててはいけないかと言えば、一人の子を見捨てたら、周りの子もみんな幸せになれないから。「周りの子どものために、一人の子どもを見捨てるな」というのが究極的な理由です。その子に貧困や発達障害や知的障害があるから、それを理由に見捨ててはいけない、というのではありません。子ども同士の関係性を分断して、子どもが学びを獲得できるはずがない、ということです。

菊池　教室や学校は、本来そういうところだという共通認識が崩れてきているんでしょうね。

気になる子が育つには、周りの子が育たなければならない。周りの子が育てば、気になる子も変わります。教師がそこを理解していない。

木村　そうした認識や心構えがあって、初めて教師の指導スキルが活きます。それがないのに、スキルの研究ばかりやっているから、泥沼に落とされる子どもがどんどん増えています。

菊池　特別支援学級に行くことになったり、不登校になったりと、学びから疎外されていくわけですね。

木村　先日招かれてお邪魔した沖縄の校長会で、私は開口一番「沖縄の校長先生たちは大阪とお友達ですよね」と言いました。

そしたらみんなが「はぁ?」という顔をしたから、「全国学力調査で沖縄は最下位で、大阪はそのすぐ上でしょ(笑)」と言ったら、「違う違う。大阪は変わらないけど、沖縄は平成28年度は4位(算数　A問題)ですよ!」と言われました。私が驚いて、「2〜3年でそんなことってあり得るんですか?」と聞いたら、校長先生たちの顔は、得意げな表情をする人と、それが不幸だという意思表示をする人とに二分されました。聞けば、小学校は上がっているのに、中学校は上がっていないと言います。「小学校だけなぜそんなに急に上がったのですか?　先生たちが変身したのですか?」と聞きましたが、一言も返ってきませんでした。

その後、水面下で理由を聞くと、全公立学校に特別支援学級を作ったという話を聞きました。底辺の子は特別支援学級に移って、テストを受けていません。先日もお話ししましたが、沖縄で起きているこのような現象は、今、全国的に起きていると感じています。

沖縄はそれと並行して、莫大な予算を使って、何人もの先生を秋田県に派遣しています。派遣された先生は、いわゆるスーパーティーチャーになって帰って来ます。そしてそのスーパーティーチャー達が、県内の各学校を巡回します。各学校の先生達は、スーパーティーチャーの授業を見て、真似しろと言われるわけです。目的は、スーパーティーチャーと言われるその先生の「コピーになれ」ということです。

私は、参観したスーパーティーチャーの授業を決して否定するつもりはありません。「このポイントがこの子の笑顔につながるんだ」と、学ぶべき点はたくさんありました。でも、それは、子どもの姿を通して結果としてその手法の良さを学んだ、ということです。実際には研修がそういう形で機能していないことが残念でした。

沖縄で私は、県教委とも保護者とも教職員組合とも関わりました。教職員組合の先生方は、「一生懸命子どもを見よう!」としていらっしゃる、心ある人たちです。「あなた方が今やっていること、おかしくない?」と言ったら、「初めて頭の中がぐちゃぐちゃになった」とおっしゃっていました。

じつは、沖縄県で立ち上げた学力向上委員会のリーダーは、教職員組合の支部長が務めています。学力向上委員会では、学力向上プランを作成し、そこには「いかに学習規律を守らせるか」ということが、ぎっしりと書かれていました。「授業の前の瞑想タイム」「黙々清掃」などなど、どこかで聞いたような言葉もたくさん並んでいました。

私が、そのリーダーに、「全否定はしませんが、これらの手法は100人の中の一人の子どもについては成功したかも、というものに過ぎないと思います。そもそも、自分がリーダーをしている学力向上プランの中に、黙々清掃を入れている意図は何ですか？」と尋ねたら、その人は答えられませんでした。そこで私は、「先生は今まで何のために活動してきたの？　管理職や行政に反対するためだけの組合ではないでしょうけど、おかしなことにはおかしいと言うための組合ではないのですか？」と問いました。

今、多くの子ども達が「学習規律を守れない」という理由で特別支援学級に入れられている可能性がある、と私は考えています。

今までもいろいろな場所で繰り返し主張してきたことですが、私は、発達障害だという診断を下すことは、現実的には誰にもできないと考えています。本質的には全部が自己申告で、医者はその自己申告を認めるだけだと考えています。今、発達障害の診断には、WISCという知能検査が使われていますが、実際には判定者が一人の子どもを数時間診る、というだけです。子どもが判定者に全幅の信頼をおいて、その子が持っているものをすべて出しているのであれば、その診断は有効でしょう。でも、人とのコミュニケーションが特に苦手とされる子が、初めて会った知らない医者の前で黙りこむのは当たり前です。

仮に就学前の子ども全員が発達検査を受けたとしたら、じつに8割が発達障害と診断されることになるのではないかと、私は思っています。そうならないのは、要するに先生にとって「困った子」だけが診断を受けているからです。そしてそういう子が、どんどん特別支援学級や特別支援学校に送られていく。これは全国的な現象です。

菊池　特別支援学校に行ったほうがいいと言われている子どもだって、学級内で周囲との関係性がよければ普通に過ごせますし、そういう多様な子どもがいるからこそ、通常学級では豊かな学びができるわけですよね。

木村　本当にそう思います。それなのに、通常学級と特別支援学級とに分けるから、通常学級の子ども達は、「おれらは普通。あいつら（特別支援学級の子ども達）は格下」と思い込まされたまま、社会に出ていくことになります。こんなことを続けていて未来の社会が変わりますか？　すべてが悪いサイクルになっています。

特別支援学級に行かされる子どもも少し不幸ですけど、それ以上に、分けられて学ぶことで通常学級の子ども達が失ってしまう学びって、あまりにも大きいんです。公教育を論じるなら、こうした議論がもっと活発にならなければいけません。子ども達から大切な学びを奪い続けた結果、子ども達が本来伸ばすべき力を失い続けた結果が、相模原市の障害者施設連続殺傷事件（2016年7月）なんですよ。

菊池 もう一つ特別支援学級に関することで私が指摘しておきたい問題は、ご病気になられて一度休職された方が戻ってきたときに、特別支援学級の担任をリハビリ的に受け持つ傾向が強いことです。これも全国的な構図です。

木村 そのパターンが9割ですね。通常学級の担任をする力がないと判断されると、特別支援学級の担任に回されます。ほとんどの学校がそういう人事をしているのに、その実態は明かされません。

菊池 私は、このままいくと、通常学級数よりも特別支援学級の数のほうが多くなる時代がくるのではないかと思っています。全学年で通常学級12に対して、特別支援学級が13、14、15という学校が増えてくるかもしれません。

木村 私もそうなっていくと思います。だから、大空のような「すべての子どもの学習権を保障する」学校経営をしなければ、10年先は日本の教育が崩壊すると言っています。

菊池 「教員にとって困る子」が特別支援学級に送られるという全国的な構図を変革するためには、やっぱり、日常の授業を変えるしかありませんね。

木村　その通りです。だから、分けるとか分けないとか関係ない。教室で行われる授業が日常的にインクルーシブであればいいのです。しんどくなって教室を出て行っても、帰ってこられる場所があれば、子どもは帰ってきます。みんながみんな、ずっと椅子に座っていなければならない、なんてことはありません。ずっと座っていても一人残らず学べるような授業を、私たちができないだけです。だったらせめて、しんどい子が出て行っても、安心して帰ってこられる学級をつくっておく必要はあります。日常の授業を変えずして、インクルーシブ教育なんて言っても話になりません。

菊池　評価の問題もそうですね。授業が変わらないのに、「アクティブ・ラーニング時代の評価はどうあるべきか」といって、評価だけを変えても意味ないわけです。最近、そういう不毛な議論ばかりが目につきます。さっきからずっと考えていたのですが、今、学校教育を覆う嫌な空気の元凶になっているのは、突き詰めるとやっぱり全国学力調査かもしれませんね。全部がそこにつながっているような気がします。

木村　もし、今、日本の学校現場から全国学力調査をなくせば、それだけで大きく変わります。勉強するために先生を秋田に派遣するなんてこともなくなります。やめられない理由は、現状、莫大な予算がついているからでしょうね。

菊池　単純に考えて、ランキング下位の県の子ども達が可哀想だと感じます。子どもも親も、きっと自尊感情を叩き潰されるでしょうね。

高知県もランキングが低いので、県教委が点数を上げようと躍起になっているなか、子どもの自尊感情を高めることのほうが先決だと、ある意味反旗を翻《ひるがえ》したのが、いの町です。町長と教育長が先頭に立って、地方創生を観光でも産業でもなく、教育でやろうとしています。


木村 それは素晴らしいですね！ ぜひ、私も今度うかがいたいものですね（２０１７年12月に現地での講演・模擬授業が実現）。

県別のランキングもさることながら、大阪市はさらに細かい調査を発表していました。大阪市は24の区に分かれていて、大空小学校のある住吉区には全部で14の小学校があります。区長が学校選択制を導入したため、次年度入学する子どもをもつ家庭に学校紹介の冊子を配ることになりました。その冊子には、14校の全国学力調査の結果、国語Ａ・Ｂ、算数Ａ・Ｂの平均点まですべてを掲載すると言います。

私はみんなと話し合って、大空小は独自の判断で、学力調査の結果は掲載しないことに決めました。代わりに、大空の教育理念を掲載しました。「他の学校もそんな馬鹿なものを出すわけないやろ。出さないからといって法律で罰せられるわけでもないし……」と話していたのですが、ふたを開けてみたら大空以外の13校の調査結果は、すべて掲載されていました。

その表を見たら、ここが1位であそこが13位かと比べることがでるわけです。そうやって比べられることへのショックもありましたが、もっと衝撃だったのは、13校はわずかな差で拮抗していたけど、掲載していない大空小の数値はそれよりかなり上だったということです。それまで、「学力調査の数値なんてほうっておけ」と言い続けていたので意識したことがありませんでしたが、どうして周りの学校とこれほど違うのだろうと驚きました。

じつは、この冊子の影響は大きいもので、その後、大空バッシングにつながりました。大空小には、周辺の学校からややこしい子がたくさん転校してきます。そうした状況をずっと見ていた近辺の方々の、「温かくていい学校なんだろうなとは思っていた。でも、やっぱり学力は低いんだな」という反応につながったのです。大空小は数値が悪いから掲載しなかった、と思われたわけですね。そういう風評が住吉区中に広がりました。その噂を聞いてきた見守り隊（大空小の地域ボランティア）をしているおじいちゃん達が、「校長、ほんまか？　こんな悔しい思いをしたことがない！」と憤慨して職員室にやって来ました。全国学力調査のランキングは、こういうことにもつながります。

菊池　これまで、全国学力調査のそうした負の部分はあまりに語られていないから、一石を投じることにはなったのではないでしょうか。

木村　そもそも全国学力調査の結果が、公正なものであるかどうかも怪しいわけです。六年生で大空小に転校してきた子が、全国学力調査の前日に、「明日、俺、学校休むんやんな？（休むことになっているんでしょう？）」と聞いてきたことがありました。前の学校では、「難しいテストがある日はしんどい子は休んでもいい」と言われて、ずっと休んできたと言うのです。私はそれを聞いて、前の学校の校長に文句を言ってやろうかと思いましたが、きっと、その校長に「私達は休むようになんて伝えていません。子どもが勝手にそう思っているだけです」と返されて終わりでしょう。翻って考え、私達も似たようなことをしている可能性があるのではないかと思いました。自分はそういうつもりで言ったのではないかもしれない。でも、その子は「明日は自分は休むんだ」と思ってしまっていた、それが事実です。いい勉強になりました。

子どもも教師も仲が良い「明るい学級崩壊」

菊池　地方に行くと少人数の単学級という学校が少なくありません。私が教育特使を務めている高知もそうですし、招かれて訪れた鳥取や福島もそうでした。そういう学校で、学年ごと、あるいは全校児童が家族のように仲が良く、教師との絆も強すぎるが故に、高校進学以降に子ども達が不適応を起こす例が増えています。私は最近、これを「明るい学級崩壊」とか、「第四の学級崩壊」と呼んでいます。

「明るい学級崩壊」の要因は、子ども達一人一人に「個」が確立していないということです。少人数でどちらかというとおとなしい子が多いので、教科書は進みます。教師は少人数を相手に従来型の一斉指導をしていて、子ども達は素直に勉強している。雰囲気としてはとても仲がいいのだけれど、じつはそれは群れているに過ぎません。私が、子ども達が「個」の違いを出し合って、互いに磨き合うことを大事にしているせいもあるのでしょうが、教師の指導観に基づく一斉授業が少人数学級でも行われていて、そこで何となく子ども達が過ごせていることに対して、私は懐疑的です。少人数であっても、「個」の違いはあるはずだし、それを磨き合うような授業はできるはずです。実際、そういう学校に行って話を聞いてみると、高校入学後、あるいは社会に出てから不適応を起こす確率が2〜3割と、とても高いと言います。

明るい学級崩壊を解決するには、簡単にいってしまえば、授業を変える必要があります。子ども達の多様性を認め、子ども達が協働することで、個が確立するような学びにすることです。

明るい学級崩壊は、ここ最近始まったことではありません。北九州市の学校に勤務していたとき、夏休みに島の分校で研修する機会がありました。そのとき、若者達が夜、集まって騒いでいる場面に遭遇しました。すると島民の方が、「菊池先生、あれでいいんです。彼らは島を出て働いているけど、島の外では人間関係もつくれず、うまくいきません。島に戻って来て、慰め、励まし合って、また働きに出るんです。あれはあれで価値がある行為なんです」と言っていました。それがすごく印象に残っていて、山間部の学校を訪問するたびにつなげて考えてしまいます。教師が変われないという現実があるなかで、「この子達は学校を出た後どうなるのだろう?」と考えてしまうのです。でも、その視点で考えると、街中の学校にしても、いろいろな子を排除しながら教科書だけを進めていって、単純な数値(学力調査結果等)だけを目指している学級はあるわけで、それも明るい学級崩壊と同じことですよね。

木村　菊池先生のおっしゃる通り、授業を変えなければ話になりません。ただし、大規模の学校だから、小規模校だからというくくりで考えるのは危険だと思います。大規模だろうと、小規模だろうと、一人の子どもが育っていれば、学級が崩壊することはありません。だから、子どもが育っていないのなら、それは私達がそんな授業しかできていないということ。具体的に言えば、授業の中に適度な負荷がないのです。負荷がないから子どもは育たない。

そこに、大人数も小人数も関係ありません。

菊池　私も大規模だろうが、小規模だろうが構造は同じだと思っています。ただ、私が指摘したいのは、小規模校では先生自身が、子ども同士の群れの中に入ってしまっていることがとても多いということです。

木村　だから、群れている現象を良しとしてしまうことに大きな課題があるわけです。子どもが群れているのと、子ども同士がつながっているのとでは、大きな違いです。群れている中には学びはない。つながっているなら、学びは大きい。

菊池　明るい学級崩壊という現象を見たときに、大規模校の場合、授業は旧態依然としていても、保護者等の圧力もあって、現状を肯定してはいない先生方は多いと思います。それに対して、小規模校では、先生も子ども達も「これで良し」と感じている傾向があります。そこが気になります。

木村　大空小学校がスタートした時、まさにその課題に直面しました。同じ地域に児童数１１４３人もいる南住吉小学校という大きな学校があって、20年間地域の反対がある中で、「みんなの学校をつくろう」と、大空小学校は設立されました（２００６年）。一年目の大空小の児童数はわずか１８０人程度。一方、南住吉小は９００人超です。同じ地域の中に、大きな学校と小さな学校とが共存していたわけです。

じつは3年目くらいまで、大空小に対する風評は凄まじいものがありました。当時は学年によって単学級もありましたから、「こんな小さな学校で甘やかされていたら、中学校では不登校になる」とか、「大空小の中は手厚く親切だけど、厳しい社会に出たら通用しない」といった風評を、嫌というほど耳にしました。

でも、ピンチはチャンスとはこのことで、その声を聞いたおかげで、私達は授業を大きく変えることができました。私は初代校長でしたから、学校のあり方自体も大きく変えました。子どもの数が少ないのならば、少人数による授業を、画一的な場ではなく、多様な学びの場に変えればいい。だから、学校内だけでなく、外部のヒト・コト・モノを積極的に採り入れて、面白い授業をたくさん考案しました。

菊池　本当にそこだと思います。今のお話を聞いて、北九州の小規模校、貴船小学校在籍時代にある卒業生からもらったメールを思い出しました。

中学校に行くと、貴船小学校の卒業者は少数派になります。その年は三人でした。4月に自己紹介をすることになって、私の教え子の一人が積極的に手を挙げて口火を切ったそうです。自己紹介があるとあらかじめ聞いていたので、事前に内容を考えて、工夫して発表したと言います。その後も貴船小の卒業生が手を挙げ続け、連続で三人が自己紹介を終えると、担任の先生が「おお、貴船小学校、頑張るね！」とほめてくれたのだそうです。

そのことが嬉しかったとメールで報告してくれました。

木村　私は今、すごく言葉にこだわっていて、「教師が子どもを育てる」という言葉は過去のものだな、と思っています。なぜなら、主語が教師になってしまうと、育てることに満足し、育てることで終わってしまうからです。でも、大切なのは、目の前の子どもがどう育ったか、子どもが育つ事実をどうつくっているか、育った事実はどこにあるかなのです。

菊池先生のおっしゃったように、たった三人の子どもでもそうやっていたら、「この学校すごいね」と思うわけです。それと同じように、大空の子も中学に行くと少数派でしたけど、中学校の先生はすぐに「この子は大空の子どもだ！」と分かったと言います。大空の子は自分の考えをどんどん言います。それは、見えない学力として「四つの力」（人を大切にする力、自分の考えを持つ力、自分を表現する力、チャレンジする力）を身に付けているからです。

大空の子は自分の考えを表現することが当たり前だという空気の中で育っていますから、自己紹介にしても「私は○○と○○が好きです」とか言うわけです。でも、その他大勢の子からすると、自分達の当たり前とは違うから、「えっ？」と思う。「えっ？」と思ったことが「いいよな」につながると、それは学びの空気になる。でも、先生が「なんやねん。あいつら生意気な」という空気にもっていくことしかできなければ、子ども同士の関係はつながりません。周りの子が「何なの、この子ら……」となっているところを、「いいとこは真似してみようか?」と伝えて、先生が少数派の子と多数派の子をどうつなぐことができるか。この「つなぐ」ことが私達、教師のもっとも大切な役目です。

菊池　先日、兵庫県西脇市で、中学三年生の道徳の授業を参観しました。読み物教材を基に、四つの発問をする形でした。一つの発問をすると、列で順番に聞いていきます。子ども達は着席したまま一文くらいの内容を答えていき、それをみんなが黙って聞いています。さすが中学三年生だなと思いました。誰一人、「同じです」とは答えませんでした。

終わりに近づいた時に、ある男子が立ち上がって、滔々《とうとう》と自分の考えを述べました。すると、周囲の子がどっと笑ったのです。私が見ていて感じたのは、その笑いは、彼を馬鹿にしたものではなかったということです。「僕達も本当はあんなふうに言いたいんだけどね……」という憧れを含んだような笑い声でした。それはまさに絶好の学びの場面だったにもかかわらず、その子をモデルにして、それを他の子とつないで、高めていこうとする発想は、残念ながらその先生にはありませんでした。

木村　じつにもったいないですよね。私も、兵庫県小野市の小中一貫校から、新しい道徳の授業をやるから見学に来てほしいと言われ、参観したことがあります。

机はコの字型に並んでいました。コの字になっているということは、みんなの顔が見える。これは手段です。目的は何かというと、一人が何かを言ったときに、みんなで「そうだね」とか、「私は違う考えだ」とか、挙手も先生も必要とせずに、お互いに発言できるようにすることです。それなのにその授業では、先生が真ん中に立って、いきなり読み物教材を音読し始めました。研究授業だったため、発問はすべて事前に掲示されていて、板書もとってつけたようなものでした。先生の発問に対して、子ども達は一人ずつ淡々と答えていましたが、その中にも、子どもが「えっ、なんで?」とか、そんな反応を示す場面がいくつかありました。しかしその先生は、そこを拾うことができていませんでした。

先生と子ども達との信頼関係はできている学級だったので、普段ならそういう反応をきちんと拾って、子ども同士をつなげるような授業をされているのだと思います。でも、その先生いわく「道徳の授業は価値の押し付けをしてはいけない」ということで、50分間、蛇の生殺しのような授業に終始しました。それでも参観していた他の先生は、子ども達全員が先生に注目できていることなどにいたく感動して、いい授業だという評価をしていました。

参観後、私は、「これは何の授業?」と聞きました。「道徳です」と返ってきたので、「国語の授業との違いは何?」と聞くと、その先生は答えられません。続けて、「本当はどんな授業をしたいの?」と聞くと、それは、本来の道徳の授業でした。にもかかわらず、なぜこういう研究授業になったかというと、文部科学省から下りてきた「特別の教科　道徳」の指導書に書いてある流れを実践したせいでした。

管理職の戦略で研修は大きく変わる

菊池　戦略的な授業研究ができている学校もあります。ある時、大分県中津市の中学校に呼ばれて行きました。

私は、各学年一学級ずつで道徳の授業を行いました。その学校は各学年三学級あって、1週間後に残りの二学級が私の授業を追試するということでした。そのため、作成した資料等を置いてきました。残念ながら、追試の授業は参観できませんでしたが。しばらく期間を空けて、今度は教材や授業展開も変えて、その先生方のオリジナルの道徳の授業を見せていただくことになり、その研修に私も参加しました。

こういう方法論はじつに戦略的だと感じます。従来の副読本を読んで、気持ちの悪くなるほど気持ちを問い続ける道徳の授業から脱却するために、大した授業ではないけれど、とりあえず私の授業を見て、やってみる。私の授業を追試し評価したところから、改めて授業開発したものを今度は私が見せていただく。いろいろな学校で授業をさせていただく機会はありますが、その後、その学校の授業が変わったという例は決して多くありません。そんな中、この学校は校長の戦略として、見て、実際にやってみて、「こうやると、子どもからこういう反応が返ってくる」とか、先生方が体験することを通して授業を変えようとしていた。そして、フィードバックの授業を見せていただいたら、なんと中学二年生なのに、「アリとキリギリス」を教材にした授業をされていました（笑）。

木村　それ、面白いかも！　中学三年で「ももたろう」の授業をやっても面白いと思うよ。

菊池　面白かったですよ。その授業は、「キリギリスはそれまでサボっていたわけだから、助けなくてもいい」という流れになったときに、「それが人間同士でも手を貸さないのか？」と、展開したのです。対立や話し合いの場面が生まれ、個人の意見が動く場面もありました。

木村　その校長先生は凄いね。それが本当の研修です。先生方がアクティブに学んでいるわけですから。

菊池　私達が行くことはきっかけに過ぎませんね。管理職や先生方が現場を変えるために、どう価値づけて継続していくかに尽きますよね。

木村　菊池先生は、完全アウェイなところで講演をされたご経験はありませんか？　私はあります（笑）。東京都目黒区の公的な校長研修の講師をした時のことです。会場があまりに冷たく、敵対的な雰囲気に満ちていたので、私はまず、「子どもから『障害って何？』と聞かれた時に、ちゃんと説明できますか。○か、×か、パスのいずれかに手を挙げてください」と質問してみました。

32人の校長先生が居られたなかで、○に手を挙げたのは30人、×は二人だけ。パスはいませんでした。「障害が何か」を説明できるということは、嫌な見方をすれば、「障害とは○○だよ」と、校長が子どもを洗脳できるということにほかなりません。それは、とても恐ろしいことだと思います。私も大空小の校長を務めるまではこの問いに上手に答えていたけれど、大空に行ってから答えられない人間になりました。

こうした質問の後に、私は必ず「今、手を挙げなかった人はいますか？」と聞きます。大空小では必ず、「今手を挙げない」という四択目が保障されています。パスもあるのになぜ、手を挙げないという四択目があるかというと、「手を挙げないことは×」という空気をつくらないためです。子ども達にとって、自分の考えをまとめたり、自分を表現したりすることには時間がかかるものだからです。

その日の校長研修は結局、終始アウェイな雰囲気でしたが、最初の質問で×に手を挙げた二人だけが、最後まで私の話に食らいついてくれました。

人を機械に変える指導主事システム

――現場で学級担任として素晴らしい実践をされていた先生が、教育委員会の指導主事等に抜擢されると、途端に手足を縛られ、言いたいことが言えなくなり、なぜか原稿の執筆等もできなくなる現実があります。この点について、お二方はいかがお考えですか？

木村　心ある教師だったのに、指導主事として教育委員会に入ると変わってしまうということは少なくありません。大阪市では、指導主事になった途端、人が機械に変わります。でも、それは指導主事が悪いのではなく、リーダーの問題です。首長がどこを見ているかによるのです。首長が当事者になれれば、今のシステムでも十分に機能すると思います。

菊池　確かに規模の大きい自治体ではその傾向が強いと思います。北九州市もそうでした。しかし、規模の小さい自治体の市教委レベルであれば、頑張っている指導主事の方も意外と多いと感じています。現場を変えようと提案性の高い動きをしながら、子ども達のために戦っている方をたくさん知っています。

木村　それもおっしゃる通りです。だから、結局、人なんです。でも、そういう頑張っている人は、委員会の組織や現場の中で、大きなアウェイ感を抱いています。私の知っている福岡県のある地域の指導主事は、菊池先生が言われたように、「現場を変えなあかん」と一所懸命取り組んでいる方です。そして、動けば動くほど共感してくれる仲間の指導主事は増えるけれど、同時に悩みも増えていきます。上からの指示を仰ぎ、下へ伝えるだけの指導主事なら悩みなんてありません。でも、現場を変えるということは、授業を変えること。もっと大きく言えば、学校を変えることです。アウェイ感の中で、それをやり続けるのは並大抵のことではないと思います。指導主事になった当初は志があっても、やがてアウェイ感に負けてしまう人もいるでしょう。福岡のその指導主事さんは、そのアウェイ感をどう楽しみに変えて乗り越えていこうかと、今、戦っている最中です。

菊池　現場に言わせると、「教育委員会がすぐに口を出すから……」となり、教育委員会に言わせると、「現場がちゃんとやらない」となる不毛な対立の構図が続いています。北九州市の教員時代、現場教師と指導主事が一緒になって授業を、学校を変えようと取り組んでいても、「文部科学省の風向きが変わった」という理由で潰されてしまうこともありました。しかしながら、そこで負けていたら、木村先生がおっしゃるように「人が機械になる」わけで、いつまで経っても現場を変えることなどできませんね。

木村　大阪市の教育政策は、橋下徹前市長の就任後、大きく転換されました。教育委員会は彼の言ったことをただ垂れ流すだけ。続々と現場につまらない指示が下りてくる上、各校長がそれらをきちんと遂行したかどうか、指導主事が徹底的に調査します。

例えば、先日も言いましたけど、学力調査の点数を上げるために過去問をやったかどうか。指導主事から電話で必ず聞き取り調査が来るので、「やっていません」と答えると、「やってもらわなければ困ります」と言われる。「やるわけないやろ。やらなかったらどうするの？」と聞いたら、「では、学校に指導に行かせてもらいます」と返ってきます。だからある年には、「それは時間と税金の無駄遣いやろ……。じゃあ、わかった、やったよ」と答えたこともありました（笑）。それでおしまい。たかが学力調査に抵抗して時間と労力を費やすより、目の前の子ども達と向き合うことのほうがどれほど大切か。１００％の過去問達成率を求められている指導主事も、「やったよ」という回答で納得します。

菊池　心ある管理職の方は、「やったことにしておいて」と、木村先生と同じように答えておられますね。要はそれだけの価値しかない指示であり、調査だということです。

木村　私はかつて、文部科学大臣だった下村博文さんとお会いしたときに、「文科省は現場に何でもかんでも調査をよこして、その調査結果の数値で次の政策を立てるやろ？　この数値を大臣は信頼していますか？」と聞いたことがあります。その上で「じつは、大空小はいい加減な報告を上げていますす」と、正直に打ち明けたら、下村さんは大変驚いていました。私は、「いい加減な報告をするのは、子ども達の学びを守るためです。だから、大空のようにいい加減な報告を上げる学校があるということを知っておいてください」とお伝えしました。結局、調査の目的について、現場の責任者がきちんと考えるべきなのです。文部科学省がそういう調査をする目的は、予算をもらうための単なる手段です。例えば、「去年、予算をつけたのに成果が出ていないので、今年はもう予算をやらない」と財務省に言われたら、「アクティブ・ラーニングという今までとはまったく違ったことをやります。そのための予算をください」となるわけです。アクティブ・ラーニングなんて、現場にとっては学力観を転換した1990年代からやっていることだけど、今回予算を取るにはこの言葉が必要だったのかもしれない。それぞれの学校で責任をとれるのは校長しかいないわけだから、こういう文科省の苦しい台所事情も理解したうえで、自身の責任と裁量のもとで動けばいいのです。

菊池　教育界は1990年代から変わろうとしていたのに、実際はほとんど変わらなかった。現場や授業を変えようとして戦っている人はいるけれど、学校や自治体の規模が大きくなればなるほど、埋没してしまう現実がある。だから、市教委や指導主事、学校の管理職が共にそういう思いを持って、そして、志のある人達が集まっていったら、教育界全体も変わっていくのではないかと思います。

木村　校長が変われば話は早いですよ。校長がリーダーシップを取り始めている学校は、実際に変わってきています。何が変わってきているかというと、学校に行けなかった子が行けるようになっています。

菊池　つまり、校長の考え方が変われば、不登校はゼロにできるということですね。不登校の子どもに対して対症療法みたいな対応ばかりしている学校は、逆に学校に行けない子をどんどん増やしていますよね。

木村　管理職になろうとする教師の中に、心ある人が少ないということも、問題提起しておきたいと思います。正直、とても相応しいとは思えないイエスマンばかりがなっている現実があります。大阪市は学力調査の結果を上げようとした結果、不登校やいじめを増やす結果になりました。そんな状況だから、管理職のなり手がありません。ある年なんか、新しい教頭が50人必要だったのに、教頭試験を受けると申し出たのは7人でした……。

菊池　そうやって、イエスマンの管理職を生んでいくわけですが、イエスマンにもレベルがあります（笑）。大規模校や学力が高いとされる学校には、イエスマンの度合いの高い人が行きがちです。厳しい地域の学校には、イエスマンレベルの低い、ある意味、本物の管理職が行くことになります。イエスマンレベルの高い人は、その学校でうまくいかなければ、委員会に一度戻って、また別の学校の管理職になるという救済措置まで出来上がっています。こういう人事システムが長年続いています。

木村 イエスマンであり続けることの見返りは何かというと、天下りです。定年退職した後、大学教授、高校の校長や理事長等、61歳からの職が保障されるわけですね。

菊池 北九州市の天下りはそこまで立派ではありませんでしたが、市民センターや図書館の館長、給食協会等には再就職していましたね。

子どもに軸足を置くことの大切さ

――当たり前ですが、結局人だ、ということですよね。どうしたら、人は育つのでしょう？ 木村先生は大空小学校で、どのように若手を育てておられたのですか？

木村 私がずっと大事にしてきたのは、子どもだけです。相手がどんな保護者や教員であろうとも、「子どもが大事」という一点だけは絶対に譲りませんでした。だからこそ教職員に対し、「あんたのその発言がこの子に何を教えているの？」ということはよく指摘していましたし、私自身も周りから「今の発言はアウトやで」などと教えてもらうことがよくありました。

皆さんは私のことをリーダーシップがある人間だと思っているかもしれませんが、じつは私は、「子どもを大事にする」こと以外はどうでもいい、と思ってやってきただけの人間です。「子どもが大事」という一点さえブレなければ、手段なんてどんなものでもかまわないと考えています。教職員チームがその点について腹の底から理解すれば、学校において子どもに対する命令、指示、号令は少なくなっていきます。

大空小では、子どもの姿や行動がおかしいと感じる場面があれば、「今のはちょっとおかしいで」と、校長を含め、誰に対してもすかさず突っ込みが入ります。だからこそ一人一人が謙虚に考え、主体的に動かざるを得ません。想定外の状況に置かれた教師に必要な力は、自分の頭で考えて動く力だと思います。教員の総意で動くべきだとか、今はまだできないけど来年になったら変えようとか、そんな悪しき学校文化に甘んじていたら、極端な場合、子どもが死んでしまいますよ。今、自分が気づいたのなら、とにかく動くこと。現場では、人に同意を求めている時間なんてありません。だって、一秒後にはその子が死んでしまうかもしれないから。

だから、まず動く。動いたら、必ずといっていいほど、失敗します。失敗したその時こそ、教職員チームのみんなが集まるのです。みんなでやり直しをすれば、一人の失敗が確実に自分の学び、みんなの学びとなって返ってきます。あえて研修なんかしなくても、日常の中で自然に学ぶことができます。大空小は、この文化だけを徹底していました。

菊池　子どものために動いて、失敗して、やり直す――。きっと、それが一番の学びでしょうね。北九州市の香月小学校に勤務していた時代、教頭が珍しく僕をほめてくれたことがありました。「職員室で子ども達のいいところを話すのは、菊池さんだけだ」と言うのです。厳しい状況にある学校だったので、他の教師達は子ども達の悪い面ばかりを口にし、ぼやくことが多かったわけです。僕が管理職にほめられたのは、たぶんその時くらいじゃないかなと思います（笑）。

ある日、その教頭と飲んでいた席で、「今日、教務の先生を叱り飛ばした」という話を聞きました。どこかの学級で子どもがいなくなったという連絡が職員室に入ったにもかかわらず、その教務の先生が、職員室で別の仕事をしていた。そこで、「何の仕事をしているのかは知らないけれど、子どものことを一番に考えることが教師の仕事だろう！　なぜ探しに行かないんだ！」と、叱り飛ばしたそうです。その教頭はタレントの故・安岡力也さんそっくりで大変迫力のある風貌でしたが、常に子どもに軸足を置いていた方でした。

ちなみにその後、その教頭は校長になりました。その方が荒れた学校に異動になると、私も後を追うようにその学校へと異動し、荒れた学級の担任になる、というありがたくない人事がパターン化しました（笑）。

教師の指導がいじめを増やす

――文部科学省の調査によると、2016年度の全国のいじめ件数（国公私立小中高、特別支援学校が対象）は、過去最高の32万件を超えました。要因は何だとお考えですか？

菊池　一つには調査方法の厳格化ということもあるでしょうが、やはり、悪しき一斉指導によって、子どもの「個」が確立していないことが、最大の原因ではないかと考えています。

個が大事にされて育っている教室では、トラブルやいじめがあっても、絶対に後ろ向きには捉えません。教室にはプラスの空気があるから、友達とぶつかるのは当たり前で、その衝突が成長のためになるのだということを理解しています。だから、「こういうトラブルがあったから、ここの部分は変えよう」という話が子どもの側から出てきます。

そういうプラスの空気が出てくるような指導を日々積み重ねていなければ、厳格化した調査を受けて、教師が無責任にいじめの報告を垂れ流すことになります。そういう教師は、いじめを子どものせいにして、自分の指導を振り返らない傾向が強いのではないかと思います。私は幸いなことに、教員人生でいじめ問題に遭遇したことはありませんでした。

木村　それが普通なんです。いじめがあることがおかしいんです。菊池先生の学級でいじめがなかったのは、それぞれの子ども達が対等な関係でつながっていたからだと思います。

全国の現場を回らせていただいて、私が感じるのは、教師が確実にいじめを増やしているということです。じつはいじめは、教師が「指導」すること自体に原因があります。そのことに多くの教師は気付いていません。

指導するのは、いじめを解決することが目的で、それは「いじめを起こしてはならない」という前提に立っています。いじめが起こると、自分の評価が下がる、自分が苦しくなると考えると、いじめを起こしてはならない。だから、子ども同士のトラブルが起きたら、それがいじめに発展しないよう早期解決しなければならない、と考えます。解決を目的にしてしまえば、教師がやることはジャッジ＝指導です。

例えば、Aさんが B さんをいじめたとします。すると、教師という権威をかさにきて、「AさんはBさんをいじめたでしょう？　だから、Aさんが悪い。Bさんに謝りなさい」というジャッジを下します。そうした指導は、それ自体がまさにいじめと同様、力による排除の構造で、子ども達はそうした学級の空気に、確実に影響されていきます。

もう一つ言うと、中学校でいじめがいきなり起こるなんてことはあり得ません。小学校時代にいじめの素地があって、それが六年間で徐々に、確実に醸成されて、中学校入学後に花開くわけです。そういう意味でいじめ問題に対する小学校教師の責任は重いのです。

菊池 私が厳しい地域の学校に務めていた時、授業中、机に突っ伏している子どもがいました。それでも私は、4月の段階ではあえて指導しませんでした。例えば私がそこで「そんな態度を続けていたら、お前だけ遠足に連れて行かないぞ」なんて指導をしたら——そういう方、いらっしゃいますよね（笑）——子ども達は、自分たちも友達に対してそういう言い方をしてもいいのだ、と思ってしまいます。そういう、いじめの土壌になるような関係性を学ばせているのだとも言えるでしょう。教師の指導がいじめを助長している例ですよね。

木村 そう。その通りです。大空小学校は、いじめはゼロ。とはいえ、トラブルは毎日山ほどありました。ケンカなんて日常茶飯事、それが子どもです。でも、トラブルを生きた学びにするか、トラブルをいじめにしてしまうのか。そこが教師の専門性が問われるところです。知識・技能を教えることが教師の専門性ではありません。教師の仕事のその部分は、近い将来、ＡＩ等に取って代わられることでしょう。

もし、子どもがまったくトラブルを起こさなかったとしたら、成長して社会に出られるようになんてなりませんよ。教師はトラブルをピンチと捉えていてはダメで、それを学びのチャンスに変えるべきなのです。

大空小は１ｍ歩いただけで、トラブルに遭うような学校でした。授業中であろうが、休み時間であろうが、朝であろうが、放課後であろうが、「そんなこと、俺は嫌や！」と言い出す子ども達がごろごろいるから、頻繁にトラブルは起きる。でも、そうやって自分の気持ちを素直に表現できる場でこそ、子ども達は多くを学ぶことができます。

菊池　トラブルに対して、教師がマイナスの「指導」ばかりしていると、何か問題が起きた時に、担任と同じように学級の子ども達が「困った、困った……」と言うようになります。いじめと同様の、排除の論理で思考するようになるのです。だからこそ、トラブルを次のプラスにつなげるような学級をつくらなければならないし、それができている学級には、いじめの概念がないということですね。

木村　幼稚園や保育園でも、いじめの素地となる排除の論理は働いています。先生の言うことを聞く子、聞かない子に明確に分類していますから。子ども達は、そういう空気を吸った上で小学校に入ってくるわけです。それでも一年生の段階でのやり直しは、まだ可能でしょう。しかし、6年間しみ込んでしまったものを、中学校入学以降にやり直すのは並大抵のことではないと思いますね。

菊池　マイナスの指導をしないで、トラブルをチャンスに変える目をもっている学級担任であれば、六年生からでもみんなが高め合うような人間関係へと修復することはできると思います。でも、中学校に入学してしまった後では、よほど教職員チームとして機能している学校でなければ、難しいでしょうね。

木村　今、全国の教育現場には、「いじめ問題を起こしてはいけない」という空気が蔓延しています。「いじめ問題を起こさない」ために、早期に発見して、早期に指導せよ、という構図になっています。

菊池　でも僕は、いじめを早期に発見できる目をもった教師が、現場にどれだけいるのかと思います。実際現場がいじめ防止のためにやっていることといえば、アンケートをとることくらいではないでしょうか。

木村　それ！　そのアンケートがいじめをつくっているんです！　アンケートに頼らなければならない学校なんて論外です。「いじめ問題を起こしてはいけない」という思いが、指導を強化させ、「先生の言うことを聞かない子どもは別室で指導だ」なんていう馬鹿げたマニュアルをつくることになります。そういう指導をすればするほど、いじめが増えていくことは明らかです。

菊池　全国的に、人権月間や人権参観日にいじめの授業が行われます。いじめを生まないために、いじめの授業を一時間実践したということに安心している教師は多いと思います。そして、いじめが起これば、「私はいじめの指導をしたのに、この子達が……」と子どもに責任転嫁します。

木村「指導はしましたよ」という既成事実づくりをするわけですね。

菊池 そうなんです。いじめに関する自分なりの授業群をしっかりともっていて、年間計画に則って様々な角度から授業を行っている教師であればいいのだけれど、ただ、「人権参観日だからいじめの授業をしました、しかも、学年にある三学級のどの授業でも、全部同じ教材を使いました」ということではお話になりません。

木村 道徳の授業についても同じことが言えます。子どもは一人一人全部違うのに、教材が全部同じでしょう?

菊池 そう、そこに教師の思いや子ども達の姿がない。以前、ある中学校で道徳の授業を参観したとき、四学級のうち三学級が同じ教材を使って、同じ授業をしていました。一学級だけ別の内容をやっていたので、「この先生は気概があるな」と思っていたら、その学級だけ事情があって前時の道徳の授業ができなかったから、一回遅れていただけでした(笑)。

木村 話が脱線しましたが(笑)、私はいじめをなくすことなんて簡単だと思います。先生が「指導」をやめることです。では、子ども同士がトラブルを起こした時に、教師はどうするのか。トラブルになった当事者の二人をどうつなぐか――そこだけに、教師が一人の人間として関わればいいのです。双方が納得するように通訳するといってもいいでしょう。子ども同士が納得したら、強いですよ。それなのに、先生はいじめた子に対して事情聴取を行い、たくさんのことを聞き出した上で、保護者を呼び出すなどして解決を図るわけです。でも、そういう対応では、先生の仕事が完結するだけで、解決された子どもの気持ちは変わっていないし、先生も理解できていません。

いじめた子は「こういう理由があるから、俺はこうしているのに、何で俺の気持ちはわかってもらえずに、俺ばかりが叱られるんだ」と、絶対に思っています。いじめている子どもには必ず理由があります。それなのに教師はその理由を理解せず、「お前のやったことは悪いから謝れ」と一方的に指導し、いじめられた子に対し、謝らせます。いじめられた気の弱い子は、いじめた子から「ごめんな…」と言われれば、「いいよ…」と答えて、一応は解決します。でも、その後、当事者二人の関係はどうなるでしょうか。

いじめられた子は、次からは嫌なことがあっても、絶対に教師には言わなくなりますよ。それが今の子どもです。

菊池　つまり、現象として見えなくなっただけで、子ども達の内心を含めた本質的な解決に至っていないということですね。確かに、いじめの原因をずっとたどっていけば、必ず教師に行き着きます。木村先生が今おっしゃったような指導をして、仮にいじめた子が謝ったとしても、周りの子には、「今度、いじめられるのは私かもしれない」という不安しか残りません。

木村　だから、いじめられた子が一番安心するのは、いじめた子が本当に良い子に変わること。それなのに、いじめの問題にしてもそうだし、生活指導や人権教育において、ないがしろにされているのがこの部分です。犯人を見つけ出し、悪者だというレッテルを貼って、それなりの処罰を与えた上で、「反省しなさい」で終わっています。

教師は、「事実を把握しないと解決できない」と考え、いじめた側といじめられた側、それぞれから事情を聞きますが、先生対いじめた子、先生対いじめられた子という図式では、真の解決は図れません。なぜなら、教師が持っている認識のフィルターがどんなものかによって、ジャッジが変わってしまうからです。そうではなく、教師はいじめた子といじめられた子がお互いに心から納得するよう、通訳するだけでいいのです。つまり、個と個をどうつなぐかということです。

菊池　先生対子どもという図式にしないで、子ども同士をどうつなぐかという今のお話は、いじめ問題に限らず、授業についても同じことが言えます。さっきお話しした机で突っ伏しているような子がいるということは、それ自体が絶好の学びのチャンスです。こういう異質な子と周りの子とを、どうつなぐか。授業の中でこういう子が活躍するような場面を日常的につくっていけば、周りの子の中には「○○君も頑張っているんだから、私達も負けないようにしよう」とか、「○○君も学級の大事な一員だよね」という思いが普通に生まれてきます。だから私は、課題を抱えているこの子が活躍できるようにするにはどうしたらいいのだろうと、いつも考えながら学級の子ども達と接していました。

木村　今、菊池先生がおっしゃっているのは、多様な学びの原点です。例えば、学級内に一人だけ横を向いてふてくされている子がいる。そういう多様な空気、そういう教室、そういう空間、そういう授業こそが、文部科学省が言うところの社会力を身に付ける場になります。画一的な学びの場で、どうやって社会で通用する力を付けるというのでしょうか。

菊池　しかし、今の教育界はそういう子がいると排除する、という流れですね。

木村　そうです。合理的配慮と言いながら、多様な特性を持った子をどんどん特別支援学級へと移し、排除しています。画一的な子どもだけを授業の場に残して、どうやって「主体的・対話的で深い学び」を実現して、社会力を付けるというのでしょう。

菊池　大事なのは、多様な特性を持った子を排除するのではなく、お互いに違いがあっていいということを認め合って、それでもつながっていくということ。そのためには、教室の中で個々の違いが生きるような学びをつくらないといけないわけです。それなのに、画一的で点数に反映されるような指導ばかりをしているし、余計な指導によって、一部の子どもを排除すらしています。

木村　多様な子どもがいるのに、先生が教える行為を継続していると、困る子がいっぱい出てきます。だから、教える授業を変えない限り、インクルーシブ教育なんてあり得ません。

菊池　自分が受けてきた教育がある。そして、教師として働く地域や学校に伝統的に伝わっている教育がある。教師は、毎年どんな子どもが学級に入ってこようとも、その二つの教育を一般化してしまいがちなのだと思います。「このやり方が正しいんだ。だって、自分もそういう教育を受けてきたし、先輩もそうやっているじゃないか」という考えが染み付いてしまっていて、なかなか授業を変えることができません。

先日、ある中学校で三年生に対して授業をした後、学年団の先生方の振り返りで、「(班ごとの話し合いを指して)規律がある離席もありだと思った」という感想がありました。「離席」という言葉を久しぶりに聞きましたよ。ああ、そういうふうに受け取るのかと思いました。普段は着席したままの硬直した学びをしているということでしょうね。いただいた質問の中には、「子どもの自由にさせると収まりがつかなくなるのではないか」というものがありました。これだけ「教育を変えよう」と叫ばれているにもかかわらず、いまだにガチガチの一斉指導が行われていて、それを変えようともしないんですね。

木村　私が大空で校長をやった9年間、研究テーマは一度も変えませんでした。そのテーマが完結したら次のテーマに行けるのだけれど、できていなかったから変わらなかったのです。毎年、「まだあかん、まだあかん」とやって続けていた。そのテーマは「子ども同士が学び合う授業をつくる」、これだけでした。

そうした授業をどう評価するかといったら、45分の中の子ども達の言葉からしかできません。だから、授業の最後に必ず一行感想を書かせていました。授業に対する考えなんて、子ども達は自分の言葉でしっかりと書きますよ。子ども同士が学び合う授業は、そこからしか評価できないものです。

教師が教える授業は、力のある先生であれば、いくらでも満足感を得ることができます。でも、正直言って「子ども同士が学び合う授業」のほうがハードルが高いですよ。例えば、45分の中で先生が何分話していたか。45分のうち先生が25分話していたとしたら、子ども同士が話し合う時間は20分しかない。ある時、私の授業を見ていた若い先生が、ずっとストップウォッチで計っていて、「校長先生、もう20分もしゃべっています。アウトです」と指摘されたこともありました（笑）。教師というのは、自分がいい気分になると、やっぱりしゃべってしまうんです。でも、先生がしゃべるということは、子ども達はただひたすら聞いているということなんです。

菊池 教師はしゃべる、教えるが多過ぎます。教えたからといって子ども達が分かっているわけではありませんね。それなのに、しゃべる、教えることだけで一定の満足感を得られてしまうから、ますます教えることを追究してしまい、指導法を変えることができません。

木村　教師の権限や役割に関してみると、１９７０年代に戻っているくらいの空気感が、今の学校現場にはあります。

発達障害と言われている子の9割は、実際には発達障害ではないと、私は見ています。愛着障害やストレスからくる適応障害を抱えた子どもは、先生の指示を聞きません。今は、先生の指示を聞かない子は、みんな発達障害だとみなされてしまう流れがあります。発達障害の症状は薬を飲めば落ち着きますが、愛着障害は薬を飲んでも治りません。それなのに、5歳、6歳で発達障害の診断をされて、無意味に投薬され続けている子どもがどんなに多いことか。

しかし、最近は心ある医師が出てきて、そういう医師はみんな、発達障害か愛着障害かの判定は大人にならなければわからないと言っています。子どもが発達障害というレッテルを貼られて安心するのは、親と教師だけです。親は自分のしつけに問題はなかったと安心でき、教師は自分の指導は関係ないとその子を放り出すことができるからです。

重度の知的障害の子も共に学ぶ学校

菊池　学校の中に特別支援学級というシステムが入ってきて、通常学級から排除される子どもが増えているわけですが、急にそのシステムを変えることは難しいでしょう。だから、日常の授業の中で、子ども同士の関係を育てるような学びに変えていくことが大切なのだと思います。遠回りかもしれないけど、それこそが王道ではないでしょうか。

木村　そうなんです。やっぱり、現場から変えていくしかありません。そして、現場の雰囲気をそういう方向に変えるために一番てっとり早いのは、校長がちゃんと目を開けること。菊池先生の授業を追試したという中津市の中学校の校長のように、校長の戦略がしっかりしていれば、子ども同士の関係を育てるような授業が豊かに広がっていくわけです。校長が自分の責任で「良いものはいい」と広げていけばいいだけ。最終的な責任を取れるのは校長しかいないわけですから。

菊池　話が少し逸れてしまうかもしれませんが、北九州市で開かれた私のドキュメンタリー映画『挑む』の上映会に、中学生になった教え子が来てくれました。その子はADHDの診断がついていて、二年生から薬を飲んでいました。四年生までは暴れ回っていたけど、私が担任した五・六年生の時には落ち着いてきて、薬も飲まなくなりました。上映後の座談会で彼に感想を聞くと、「僕は映画を観ていて、一人一人価値観が違うなと思ったシーンがありました。それはどこだと思いますか?」と、会場にいる人達に質問したのです。彼がそう感じた場面は、グループごとに協力して学級のマスコットを作り上げる授業で、目を描くシーンだったそうです。「目の絵一つとっても、一人一人違っていいましたよね。僕はそこに価値観が表れていると思いました。菊池先生の授業は、当時と変わらず、今でもそういったことを大事にされているんだなと思いました」と話してくれました。これが彼独自の感性なんですね。それぞれ物の見方、感じ方が違うということを、改めて教わったような気がします。

木村 突然ですけど、菊池先生の学級で重度の知的障害の子どもも一緒に学ぶというご経験はありましたか?

菊池 その経験はありませんね。

木村 今は、多様な障害がざっくりと発達障害というくくりで捉えられてしまっていて、それが現場を混乱させている大きな原因です。

菊池先生の実践されている授業の中に、言葉を獲得していない重度の知的障害の子がいて、「あ――」と言いながらうろうろしていたとしても、周囲の子ども達は何ら変わりなく、授業は成立していたと思います。

重度の知的障害の子も周りの子と一緒に豊かに学んで育ち合う、それが授業です。菊池先生はそういう経験がないとおっしゃいましたけど、そういう子が学級の中に一緒にいたら、もっと面白い授業になったのではないかと思います。
重度の知的障害の子は、違う部屋で学んでくださいというのは、私はおかしいと思います。重度の知的障害の子に必要な力は、例えば、みんなの中で「助けて」と言える力とか、みんなの動きを見て、一緒に動けるような力です。みんなから切り離された空間で、専門家がどれだけ手厚く個別指導したところで、彼らがそのような力を獲得することができると思いますか？
担任制度を学校からなくしてしまえば、通常学級、特別支援学級というくくりはなくなります。それらを全部なくしてしまって、全教職員が多方面から一人の子どもを見ればいい。これが本当のインクルーシブです。

菊池　私は教員生活において、特別支援学級や支援担当を意識したことはありませんでした。重度の知的障害の子こそいなかったけれど、学級にはいろいろな個性を持った子どもがいました。そして、みんなが同じ教室で学んでいました。私にとっては、それが普通でした。

木村　それは菊池先生が授業の主語を子どもに置いているからです。例えば、授業の主語を教師に置いて書かれた本では、「こういう課題を持った子に、こんな個別指導をすると、こんなに楽に勉強できるようになる」という論が展開します。でも、それは教材研究の一つとして、教師が学べばいいだけの話であって、だから別室で手厚い指導をするなんていうのは間違いです。課題をもったその子も教室の中に一緒に居て、例えば教室でみんなが自分の学習をし始めた時に、その子に対して教師が学んだ個別指導をすればいい。その子の一番の支援者は、周りの子ども達です。先生のそういう姿を日常的に見ていれば、周りの子どもは、当たり前のように互いに支援し合うようになります。

菊池 教師主導で考えている限り、指導の技術をブラッシュアップしていく、ということに終始します。ところが現実は、指導技術をどんなにブラッシュアップして、従来型の学力をいくら高めても、それだけではもう子ども達の幸福な未来につながらない時代になっているわけです。もちろん、従来型の学力はないよりあったほうがいい。だけど今、本当に子どもに必要なのは、例えば自らの個を確立させ、人間関係を形成する力や、自己実現する力です。多くの教師から、後者の視点があまりにも欠落しているように思えてなりません。

木村 その通り。優先順位の問題ですね。指導の技術をブラッシュアップして、子ども達に従来型の学力を付けることは優先順位のせいぜい5番目くらいです。10年先の社会を考えたら、優先順位の1位は何なのかということを、教師みんなが考えなければいけません。

菊池 知識の定着と変容とを比べたなら、私の優先順位は変容です。

木村 それは大空で言うところの見える学力（従来型学力）と見えない学力（10年後に必要な力）ですよね、表現が違うだけだと思います。別に、菊池先生も私も、点数として表れる見える学力を否定しているわけではありませんよ。ただ、大空の校長を9年間務めて、はっきり結果が出たことがあります。それは、「見える学力を優先すると見えない学力は付かない、でも見えない学力を優先すれば、結果として見える学力は付いてくる」ということです。

菊池 私も絶対にそうだと思います。じつは最近、そのことを証明しようと考え、某教科書会社と協力して学級の子ども達の声を拾い、そのデータを分析しているところです。

見える学力は減点法です。減点法の教育をしていると教師自身がしんどいし、そんな授業を200日、1000時間もやって、そもそも楽しいでしょうか？「子ども達の見える学力を上げるために、先生になりました」などと言う人は本来、いないはずです。教員採用試験の合格通知を受け取った時、初めて子ども達と顔を合わせた時の感動を思い出してみましょうよ、と言いたいですね。

木村 もう一つ、小学校の教師に欠落しているのは、「6年間のスパンで一人の子どもの成長を考えなければならない」ということです。しかし、先生が主語になっている教育を続けていると、「今年1年間でこの子を何とかしなければならない」という強い思いを抱くようになります。だから、三年生で漢字が書けない子がいると、書かせよう、書かせなければと過度な指導をして、その子が学校に来られなくなってしまっても、「私は努力して教えています、それなのに……」となります。三年生で漢字が書けなくても、六年生になれば書けるようになりますよ。

私達は、小学校の学びを自分が担当する1年間だけで完結するのではなく、6年間の学びとしてこの子がどう成長するかという教育をしなければなりません。

大空小の一年生なんて4月や5月は教室に入っている子のほうが少ないですよ。でも、二年生になると、なんとなく教室に入っています。そして、六年生になると全員が前を向いています。これが6年間のスパンで子どもの育ちを見るということです。教職員のチームが成立し、健全に機能しているからできることなんです。担任が自分一人だけで学級を見ているから、自分が担任している1年間だけをよく見せようとしてしまいます。

菊池 学校ベースで考えたらその通りです。6年間で考える必要があります。しかし、学級担任の中には、自分が担任する1年間の見通しすら持っていない方が多いように見受けられます。どのタイミングでどんな声掛けをしたら、子ども同士がつながるようになるかを、きちんと意識して授業をつくっているでしょうか。研究授業などを見ていると、どうしても「1時間1時間をどうつくるか」というスパンの発想になっているんですよね。

木村 かつて、若き日の私もそうでしたね。研究授業の前は子どもを徹底的にしつけ、発言できるように準備しました。で、その研究授業が終わると、疲れてしまって、「はい、お好きなように……」となってしまっていました。

学習参観日も、学校が保護者にいいところを見せようとすることが目的になってしまいがちですよね。ですから大空小では、一年目に学習参観日をなくしました。そして、保護者や地域の方にいつでも好きな時に来ていただける、開いた学校づくりをしました。つまり、目的を、「いい教育をしているところを見せる」ではなく、「課題を共有するための地域の学校をつくる」に変えたわけです。学習参観日のたった1時間の授業であれば、いいところだけを見せることはできます。でも、それでは保護者や地域の方々と課題を共有することはできません。しんどい課題を地域と共有できる学校にならなければ、学校は地域社会になりません。地域社会になれない学校で、子どもの社会力をどうやって育てられるというのでしょうか。

菊池　少子化でどんどん消えていく学校がある。そんな状況下では、地域の方も学校に入ってきて、子どもだけでなく、みんなが学校で学ぶことが理想だということですよね。であるなら、黒板を背にして教壇に立って、一斉指導で教える、分からせるという授業観は、ますます通用しなくなるわけです。やはりもう一度、学校というものを捉え直して、教育のあり方を考え直す時期に来ているのだと思います。

木村　大空は、「学校はあるものではなく、つくるもの」というところからスタートしました。

それが第一歩でした。

菊池　担任レベルでいうなら、教室ありきという考え方を変えることからでしょうね。そして、指導観、教育観を変えることです。

木村　先生自身が変わらないで、子ども達ばかりを変えようとしていることが大きな問題です。先生に反抗する子がいる学級で、先生の力のほうが強ければその子は不登校になり、子どもの力のほうが強ければ学級崩壊になります。そもそも「この子が私に反抗しているのはなぜだろう？」ということを教えてくれるのは、その子しかいません。ですから、先生がその子から学ぶしかない。どんなに悪ぶっている子でも、先生が自分に学ぼうとしている姿や空気というものは伝わりますから、絶対につながることができるはずです。

菊池　教師の仕事にゴールはありませんからね。教師も学校も、常に変わり続けなければなりません。北九州市で最後に赴任した学校には、過去にも務めていた時期があって、13年ぶりに戻ることになったのですが、赴任してみると13年前とまったく変わっていなかったことに怒りを覚えたことを思い出しました。

じつは僕は、三十代半ばの頃にほんの一瞬だけ、「もう学ぶことなんてやめてしまおう」と思ったことがありました。二十代ならまだしも、この年になってまで勉強会等に参加して、大勢の前で恥をかきたくない、という思いが頭をよぎったのです。でも、このままの自分では話にならないと思い直して、それ以降、恥をかきまくることにしました。恥はかいても、学びによって自分を変えることができました。

木村 だから、学びは楽しいんですよね。

菊池 そうなんです。今から思えば、学びをやめてしまおうかと思ったとき、「北九州市の旧態依然としたシステムの中に取り込まれてしまったほうが楽だ」と考えてしまったのかもしれません。でも、そんなシステムの中に安住していて何が楽しいものか、という気持ちもあった。だから、戦いながら学びを続けたわけですけど、気がついたら結局、北九州を飛び出していましたね（笑）。

――お二方、そろそろお時間になりました。今日はもう4時間以上お話しいただきました。お疲れ様でした。本日はありがとうございました。

木村 こんなとりとめのない話ばっかりでええんかな？（笑）菊池先生、今日もありがとうございました。

菊池 こちらこそありがとうございました。

第三章

学校は、どう変わるべきなのか

（2017年11月15日
梅田スカイビル会議室にて）

「特別の教科　道徳」が学校文化を変える鍵

木村　こんにちは。よろしくお願いします！　ああ良かった、間に合った。何度もここへ来ているはずなのに、今日も大阪駅で迷子になってしまいました（笑）。駅員さんに行き方を聞いたんですけど、それでも別の方向へ歩いてしまって……。

――大阪駅までお迎えに上がればよかったですね。申し訳ありませんでした。大空小学校の二代目校長、市場達朗先生が、「木村先生の唯一の弱点は方向音痴です」と嬉しそうにおっしゃっていましたが、本当なんですね（笑）。さて、今日は「特別の教科　道徳」のお話から始めたいと考えています。お二方はどのようにお考えでしょうか？

木村　私は、道徳がこれからの学校のあり方を握る教科になると思っています。化石時代の日本の教育では、正解をどれだけ覚えるかが重視されていたわけですけど、今は「正解のない問いをどれだけ問い続けられるか」が求められています。「正解のない問いを問い続ける」と言う意味では、道徳はその最たるものです。これが教科になるなんて、ありがたい話ですよ。文部科学省からとってもありがたいネタをもらって、このネタをどう料理するかは、現場の教師の専門性が握っています。ただ、教科として下りてきたのだから「やらねばならぬ」という感覚でやっていくと、先日も言いましたが、副読本の読み取りとか、国語と変わらないものになってしまいます。

道徳の最大の特徴は、正解がないこと。だから、道徳で正解を教えてはあかん。「寛容の心」というテーマに対して、「こういうことが寛容なのだ」と正解を教える授業をするのでは、教育勅語と変わりません。繰り返しますが、道徳の授業で大切なことは、正解のない問いをどれだけ問い続けられるかです。例えば、「寛容」という言葉を使わずに、別の言葉で説明してみる。そういうテーマについて対話をしながら考えることが、主体的・対話的で深い学びです。そうした学びにおいては、教師と子どもが人として対等な関係であるべきで、教師がどれだけ子どもから学べるかが大切だと思います。

菊池　私は、道徳の教科化は、中学校文化を変えることになるかもしれないと考えています。特定の教科を専門としている中学校の学級担任が、教科となった道徳も担当するわけですから、ご自身の専門教科の授業を、「正解のない問いを問い続ける」方向へ変えるきっかけになるのではないかと期待しています。

木村　中学校の教科担任は、「この教科のことはあなた達には分からないでしょう」という気持ちを持っていて、他教科の先生が口を出しにくいという文化がありますからね。

菊池　先日、院内学級の副島賢和先生（赤鼻の先生として有名。テレビドラマの主人公のモデルにもなった）と対談させていただいた際、副島先生が、「教師の役割は、文化の伝承と、人生の問いを持たせること」とおっしゃいました。その言葉を受けて私は、「絶対解（＝文化の伝承）と納得解（＝人生の問い）」という言い方をしました。納得解を求めて、教師と子どもが対等にやり合うこと、それが教師の仕事です。絶対解の伝承も教師の仕事の一部ではあるけれど、現状はあまりにもそちらに力点が置かれていて、実践研究も指導法のブラッシュアップばかりに力点が置かれていることを危惧しています。

校長のリーダーシップと責任とは何か

菊池　全国各地の学校を訪問させていただきますが、職員室が崩壊している姿をしばしば目にします。そんな時私は、昭和63年、私の師匠が二十代の頃に朝日新聞の論壇に投稿された記事を思い出します。昭和63年は、かつての師範学校卒の校長先生が、一斉に定年退職される時期でした。師匠の投稿は、「師範学校卒の校長には、自分の組織にきた若者は責任を持って育てるという気質があった。だから、師範学校卒の校長が一斉退職すると、教員同士が変に横並びになり過ぎ、お互いに何も言わなくなって、職員室が組織として成り立ちにくくなるのではないか」という内容でした。この説が当たっているかは分かりませんが、事実として年々、職員室崩壊が増えているように感じます。

木村　完全に崩壊してしまっている職員室はたくさんありますね。そして、そういう職員室では、崩壊している理由を、全員が他人のせいにしています。

文部科学省が「チーム学校」という言葉を下ろしてきましたが、目的がはっきりしないまま、その言葉だけが独り歩きしています。何のために「チーム学校」が必要なのかという議論がまったくないまま、「現場の教員はチームでやらなければならない」ということが目的化している。かつて、「学校を開こう」というかけ声が下りてきた時も、学校を開くことそれ自体が目的になってしまい、全部失敗しました。

まずは、教職員チームが一丸となって、安心できる子どもの居場所をつくることが大事なんです。子どもが安心して学んでいない場で、学力なんかつけられるはずがありません。

映画『みんなの学校』（木村校長と大空小学校の実践を追ったドキュメンタリー映画。2015年公開。文部科学省特別選定）を観た文部科学省の人達はみんな、「これから先は、一人の先生が前に立ち、すべての子ども達が前を向いて集中できる学びの場は絶対につくれない」と確信していましたよ（文部科学省では2015年4月9日に上映された）。

菊池　目的が共有されていないということですよね。「チーム学校」と「リーダーシップ」がキーワードなのでしょうか。

木村　「チーム学校」もそうですけど、リーダーシップも「誰のどのようなものをリーダーシップというのか？」という議論を抜きにして、言葉だけが独り歩きしていますね。

菊池　何のためにやるかという目的を示すという意味では、単純に管理職のリーダーシップなのかな、と思います。現場の一教諭では難しいのではないでしょうか。

木村　そうですね。当たり前ですが、責任を取れる立場にいるのは校長だけですからね。では、校長の責任とは何なのか？　この問いに正解はないと思いますが、私の答えは、「自校のすべての子どもが安心して自校で学べること」。これしかないと思っています。この事実をつくることが校長の責任です。この事実をつくることは、公教育の使命じゃないですか。だから、目的はそこにしかないわけで、手段はどれでもOKなわけです。

菊池　その目的を理解していて、かつ使命感を持ってリーダーシップを発揮する管理職の先生が現実的にどれくらいいるかが問題ですよね。

木村　100人に1人もいないのではないですか。

菊池　（爆笑）。結局は校長がみんな横並びで、校長会や教育委員会の方を向いてしまっている。教職員一人一人の幸せに軸を置いて、それぞれの良さを引き出しながら、うまくまとめて木村先生がおっしゃる目的に向かっていく管理職の先生は、本当に少ないですね。

木村 そのとおりです。最近いろいろな校長会研修に呼ばれますが、ほとんどの会場でアウェイ感を感じます。でも、教育長はこのままではうちの教育はだめだと考え、外圧として木村を使おうとする。教育長はその外圧に対して横を向いている。教育長だけが子どもを見ているわけです。

私は、校長研修では、「校長の責任はいろいろあると思うけど、これを抜かしてはいけないというとびっきりの責任は何だと思いますか?」と質問します。すると、誰も何にもおっしゃらなくなります。

菊池 昨日、鳥取の小学校で講演をしたのですが、話の流れの中で「先生になろうと思ったときの気持ちを思い出したいですよね?」「教員採用試験の合格通知をもらったときの気持ちを思い出したいですよね?」「始業式に教室で初めて子ども達と顔を合わせたときの気持ちを思い出したいですよね?」ということを話しました。教諭であればまだ定期的にそういう気持ちを思い出せるけれど、多くの校長はそういう気持ちを忘れてしまっているのではないでしょうか。例えば、多くの校長は、体罰等の社会的な問題が起きないことが最大の幸せだと考えています。一方で教諭は、保護者からのクレームがなく、管理職からの指導も入らないことが目的となっています。そういう現状があるから、職員室に元気がないのではないでしょうか。

木村　先生方はみんな「面白くない、楽しくない」と感じているんですよね。

菊池　そういう先生方が集まっている学校では、当然のことながら職員室崩壊が起こりやすいわけです。私も木村先生ほどではないですけど、教育委員会に呼ばれることがあります。そこで感じるのは、教育長が健全な目的を持って「よし、これで行くぞ」とやろうとしているのに、校長達が面従腹背、ということがよくあります。教育長が話している間だけは頷きながら聞いているけれど、教育長が退席して、校長会による連絡会になると、「さっきの話はちょっと……。どうしましょうか？」という話を平然としているし、そういうことが許される空気が校長会には漂っています。

もちろん、そういう校長会の中にも、私のような者を呼んで変えていきたいと考える方も一人か二人いらっしゃいます。でも、声なき声で終わってしまっているのが現状です。

木村　今、日本の教育現場にはすごく太くて大きな悪い流れがあります。この流れに乗ってしまうのは、誰にとっても非常に楽なのです。最近になってほんの少しですけど、菊池先生がおっしゃるように、この流れに逆らって動こうとする教育長や校長が出てきています。そういう人達は、当然一人では動けませんから、では、誰がこの人達の背中を押していくのかと言うと、地域住民や保護者だったりします。

菊池　健全なマスコミにも期待したいですけどね。

木村　でも、マスコミにも「1＋1＝2」と言えない空気がありますよ（記者、恐縮）。

菊池　映画『みんなの学校』は一石を投じているじゃないですか。

私も2本の映画（『挑む　菊池省三　白熱する教室』（2015年）と、『ニッポンの教育』（2017年）。いずれも菊池先生の実践と子ども達の姿を追ったドキュメンタリー映画）を作っていただきました。筒井勝彦監督も言っていましたが、何だかんだ言っても草の根的に口コミで広がっていくのが一番影響力が強いだろうと。こういう地上戦をやっていくことで、今の大きな流れに逆らう流れを少しずつ見出していき、それを本流にしていくのが一番よいやり方だと思います。私達は政治家ではないので、いきなり大きな流れはつくれません。言える立場や状況にあれば、いい悪いははっきりと言いますけどね。

木村　私達は、とにかく事実をつくり続けなければいけないんです。どれだけ論戦しても、事実をつくらない限り、流れは変わらないと思いますね。

菊池　実践の事実を健全に引用して、その上でより良いものをつくっていこうじゃないかという考え方が重要なのだと思います。教育実践研究団体同士がお互いに足の引っ張り合いをして、結果的に何も残らないということがずっと繰り返されてきた歴史を思うと、まずは丁寧に事実を積み重ねて発信することが大切。そして、それを誠実に引用することも大切。

つまり、他者の実践や考え方を否定することから入るのではなく、それぞれの思いを重ねていくことが必要です。発信する側にも、受け手にも責任があります。教育に関わる人間ならば、みんなどこかで「子どもの幸せのために」という方向は見ているはずです。その思いは今後も消えるはずがないわけですから、それぞれの立場や事情はいろいろあれど、共に正しい方向を向く努力を重ねていくべきだと思います。

本質に目が向かない対症療法としての教育

木村　そうですね。一人の力なんて微々たるものです。私も正直、「もうダメだな…、こんなこと、もうやめようかな……」と思う時だってあります。でも、そういう時に限って、招かれた地域で、子どもとの運命的な出会いがあるんです。

先日、香川県のある学校に行った時、一人の三年生が走ってきて、「先生、学校って何のために行くの？　僕は学校に行ってないよ」と声をかけられました。「えっ、何で？」と聞くと、「学校に行くと空気がないから死んじゃう」と言いました。その子は、自分から学校に行かないと決めたのだそうです。子どもは安心さえしたら、そういう本音をいっぱい話してくれます。でも、子どもは優しいから、親には言えないことがあります。親を信頼していないから言えないのではなく、親が心配すると思うから言えないんです。世間一般の人達は、「どうして親に言わない」「どうして親が聞いてやらない」「どうして親が自殺を止められなかった」などと言うけれど、それは誤った認識です。子どもは、「この悩みは自分が悪いせいだ。こんな弱い自分の母親はかわいそうだ」と思うものです。優しいからこそ、親には言えない。

菊池 そうでしょうね。僕がかつて担任した学級に居て、最初はとても荒れていたS君のことを思い出します。僕が出会った時には既にご両親は離婚されていたけれど、その後、お父さんから虐待されていた過去もあって、いろいろな問題を抱えていました。

同じ学級にいたB君は、お母さんが薬物に手を出してしまい、彼が幼稚園の時に目の前で自殺していました。出会った時はお父さんと兄弟とで暮らしていましたが、担任した後、たまたまS君のお母さんとB君のお父さんが親密になって、家族ぐるみの付き合いが始まりました。

ところがその後、B君のお父さんが酒を飲んでS君に暴力を振るうようになりました。S君のお母さんが「今度やったら許さんよ」と伝えていたにもかかわらず、また酔って暴力を振るい、ある日、S君は救急車で運ばれました。救急車の中で、お母さんは「警察に届ける」と言ったそうです。するとその時S君は、「言わないでくれ。もし、父ちゃんが捕まったら、B君と兄弟は、親がいなくなってしまうから」と頼んだと言います。

本当の家族ではなかったけれど、家族のような暮らしをする中で仲良くなったB君のことを思いやったんですね。彼は学校ではいつも寝ているし、注意すれば先生とけんかをして飛び出すし、学校基準で考えていたらその良さは分かりにくかったけれど、子どもは根底にそういう優しさをもっているということを教えてもらいました。

木村　子どもはみんなそうですよ。どんな子も優しいんです。

「学校に行くと空気がないから死んじゃう」と言った香川のA君は、おとなしい性格をしています。今からする話は、全部A君が話してくれたのですが、クラスに一人だけ、先生の指示や学習規律をまったく守れない子がいるそうです。授業が始まって「静かにしなさい」といっても、落ち着かなかったり、声を出したりするので、4月からずっと先生（女性）はその子を叱り続けていたと言います。

5月の連休明け、先生はついにその子の机の前に行って、机を叩いて、「何回言ったらわかるんや！　先生の方を見ろと言ってるやろ！」と激しく怒りました。それでも、その子は黙りませんでした。その子は、黙れないから黙らないだけなんです。でも、先生はその子の反応を見てなめられていると感じ、その子の机を蹴りました。

蹴られて机がバーンと倒れた瞬間に、その子の傍にいたA君は、誰も何も言えない中で、「先生、それはやりすぎちゃう？　かわいそうやで」と言ったそうです。悪の社会で善が芽吹いた、みたいな話ですよね。それなのに、その先生は今度はA君の横に行って、「うるさい。何にも分からんくせに言うな。黙れ！」と言って、A君の机も蹴ったと言います。興奮していたんでしょうね。その結果、倒れてきた机が、A君の目にぶつかりました。すごく痛かったから、「先生、保健室に行っていいですか？」と聞いたら、「行かんでええ」と言われました。A君は、先生に「行かんでええ」と言われて、それでも保健室へ行けるような子ではありません。

帰宅した後も、母親の帰りが遅かったので、一人で保冷剤を出して、目の上に当てていたそうです。次の日、「ちょっと頭が痛いから学校を休んでいい？」と母親に聞くと、「行きなさい」と言われた。その日からA君は毎朝学校に行くのが嫌になり、次第に宿題もやらなくなりました。そうなると母親は、家での態度が悪いということで、先生に相談したわけです。先生は「学校でもいまひとつ頑張れていませんね」と報告します。だからA君は、学校でも家でも怒られるようになりました。5月中旬のある夜、A君は意を決して、「明日から学校を休みたい」と両親に言ったそうですが、「だめ！」と言われました。だからA君は台所から包丁を持ってきて、両親の前で「学校に行けというなら、僕は今から死ぬ！」

と自分に突きつけたそうです。まだ三年生ですよ、考えられないですよね。

あまりの行動に驚いた両親は、翌朝、校長室に駆け込み、その一部始終を伝えて相談します。でも、A君は先生との一件を両親に話していないので、両親はそんなことがあったとは知りません。なぜか学校に行くのを嫌がっている、という話で終わっていました。

このA君のお母さんは、先日、ある大学で院生を対象とした4日間の集中講義の講師をした時にたまたま参加されていて、この話をしてくれたので、私は予定していた内容を急遽変更し、この学校づくりの生きた事例を取り上げることにしました。そしてお母さんに「明日、A君も来られないかな?」と相談しました。するとA君は映画『みんなの学校』も観てくれていたそうで、「あの校長先生のところなら行く」と言ってくれました。

当日は、院生を前に、A君と私とでたくさんの対話をしました。「あのな、学校におばけがいるから、僕は学校に行けない。おばけは怖い。おばけは退治できない」と、A君は言います。「あぁ、そうなんや。おばけって何人くらいおんの?」と聞いたら、「先生のおばけは100人、子どものおばけは200人」と答えました。

そうやって対話をしていく中で、先生に机を蹴られて目をぶつけたことなど、先ほどの一連の話を聞かせてくれたわけです。お母さんは初めてその事実を知り、「えっ!」と言葉を失うほど驚いていました。私が「お母さん、学びが多いね」と言うと、お母さんはしっかり「はい」と答えてくれました。

「お母さん、これが子どもに学ぶということやで。『どうしてあなたは私に言ってくれなかったの？』なんて思ったらあかんよ。これだけたくさんの人達がいるから安心して、今この子は言ってるんやからね。今自分がこの子から学べたと思えば、幸せなことやで」と伝えると、お母さんが最初「反省します」と言ったので、私は「いや、反省は人間のすることちゃう。猿の世界やで」と言いました。

人は、反省するから前に進めないんですよ。どれだけ過去を振り返って反省しても、落ち込んだり、「しまったなぁ」と思うだけで、前に進むことはできません。大事なのは、失敗をどうやり直して前に進むかです。そのお母さんは、その日からどんどんやり直しをしているそうです。きっとA君も安心して母親と対話できていることでしょう。

学校には、力を持った教師が力のない子どもに「反省させる」という文化があります。それっていわば、脅迫強要罪なんですよ（笑）。私は、大空の教育の中で「反省」という言葉を使ったことがありませんし、子ども達に反省文を書かせたこともありません。そうではなく、「自分のやった失敗について、次の機会に前に進むため、どうやり直しをするか」が大空の教育です。子どもに「やり直す力」を付けるのです。反省とやり直しは違います。

だから、子ども達は反省文ではなく、自分の考えを書きます。反省文は人のために書くもので、やり直しは自分のために書くものです。反省文で「ごめんなさい、もうしません」なんて、本当はそう思っていないのにいくら書かせても、その子は、うまくその場をやり過ごすという処世術を覚えて、間違った力を付けていくだけです。

不登校の子どもは山ほどいますが、子どもが学校に行けなくなる原因やきっかけのほとんどは、教師の力や圧力によるものです。でもね、子どもが本当に学校に行けないのは、子ども同士の関係がつながっていないからですよ。教師がどれだけおばけで、どれほど嫌いでも、30人の学級の子ども同士がつながっていたなら、絶対に学校に行けるはずです。そこが見逃されているから、子どもが不登校になる度に担任を替えたり、家庭訪問をしたり、先生と親とが無駄な時間を費して話し合ったりしています。もっと、子どもと子どもをつなぐことが必要なのに、それができません。

A君に言わせると、「4月にはみんなが僕と遊んでくれたし、僕の言うことも聞いてくれた。でも、その先生が机を蹴った事件の後から、みんなが僕の言うことを聞いてくれなくなった」そうです。先生がターゲットにしたA君を睨《にら》んでしまうと、その後ろにはそれに同調する子ども達がいます。そのクラスの女の子達はその先生のことが大好きでしたから、なおさらですね。

菊池　今のお話の中に「学校づくり」という言葉がありましたね。A君のような子どものことを分かってあげようという、そういう本質的なところがないと、本来、学校づくりはできません。それなのに、今の学校はそういうものに蓋をしてしまいます。A君に何か原因があるのだろうと考えて、本質に考えが及びません。良くて対症療法に走る程度です。

私が定期的に訪ねているある小学校では、五年一組が荒れています。担任は激しく叱るタイプです。4月の第三週に初めてその学級を見せていただきましたが、その時点でもう学級崩壊していました。クラス替えをしてまだ三週間ですよ。なぜそんなことが起こるのかというと、授業が面白くないというのもあるけれど、先生からガミガミと口うるさく言われるものだから、子ども達がその先生のことをたった三週間で見限ってしまったのだろうと思います。

木村 その学級の子ども達には、力があるんですよ。

菊池 その学級で私は飛び込み授業をすることになっていたのですが、その前に一度、その先生の授業を見せてもらうことにしました。見ると、明らかに二人の子どもが授業に参加していません。一人の女の子は違う本をずっと読んでいるし、もう一人の男の子は教室の中をうろうろしています。それにつられて、他の子も騒がしい。一時間目の授業を見せてもらいながら、私が担当する三時間目の授業をどんな授業にしようかと考えていました。

一時間目が終わり、休み時間に外に出ると、先ほど立ち歩いていた男の子がドッジボールをしていました。一人で外野にいるその子は大きく逸れたボールも一所懸命追っていました。教室ではうろうろしていたけど、外野での立ち姿はじつに格好よく見えたのです。教室に戻り、時間割を見たら、五時間目が国語の討論となっていました。ずっと別の本を読んでいる女の子に国語の教科書を見せてほしいと頼むと、ちょこんと頭を下げながら私に手渡してくれました。私は二人の子どもの態度を見て、これならいけると思いました。

三時間目。私は授業の初めに、「休み時間にドッジボールをしていた子がいたでしょう？あぁ、君だ。ボールが大きく逸れて遠くに転がっていっても、何の文句も言わずに一所懸命取りに行っていたよね。すごいなぁ」という話と、「君から教科書を借りたときに、頭を下げて渡してくれたね。とても優しい子だなぁと思ったんだよ」という話をしました。

こんなふうに、気になる子は力でおさえ付けるのではなく、いいところを探して「そういったところを大事にしようね」と伝えながら学級づくりをしていくことが大事だと考えています。そこに教育の価値や喜びがあるのだと思っていなかったら、どんなに対症療法を試みたところで、時間と労力を使うだけで意味がないと思います。

木村　それが今の教育現場ですよね。ともかく何かをやっている、という自己満足でしかありません。そうしたことが学校現場がブラック企業化していくことにもつながっていくわけじゃないですか。

菊池　本質を考えないで、とにかく問題が起きないようにと考えていますよね。

木村　菊池先生が今おっしゃっているのは、「大人が見るべきところは、大人ではなくて、目の前の子どもだ」という一点ですね。

菊池　そうですね。今、木村先生に指摘されて、改めてそう思いました。

木村　それも、今いちばんしんどい子どもは誰なのか。いちばんしんどい子の周りで、大人全員が多くの角度から見て、「自分のできることは何だろう？」と考えなければなりません。

菊池先生は高知のその教室に入ってすぐに、いちばんしんどい子はこの二人だと見抜かれました。その二人を見ようとした菊池先生は、その子たちから見れば、少しでも自分達のことをわかろうとしてくれている大人だったわけです。わかろうとしてくれる大人が一人ここにいる。そういう思いや気付きが、やがて学びに向かう姿に変わっていきます。教育の原点はそこにしかありません。

菊池　教員は職員室や校長を見ていて、校長は教育委員会の方を見ています。つまり、多くの教員が子どもの方を向いていないということですね。これは、訪問させていただくいろいろな学校で感じることです。

木村　あぁ、よかった！　菊池先生も同じ考えで。

大空小は創立12年目になりました。今の大空には、地域住民がつくっている地域の学校

の根が張っています。この根はどんなものかというと、「大空で今誰がいちばん困ってい
る？　その子をみんなで見よう！」という根です。そもそも困っていない子は大人を信頼
できているわけで、いちばん困っている子が大人を信頼するようになることが大事なわけ
です。その子が変われば、「あいつが変わるってすごい！」と、周りだって可能性を感じ
ます。だから、他のことは何もしなくても構いませんから、一人の子どもを全教職員が多
方面から見ていくことが必要です。この根っこさえしっかり張っていれば、少々の風が吹
いても倒れることはありません。

菊池　各地で飛び込み授業をしていますが、根っこが張っていないと感じる学級は多いですね。9割以上かもしれません。だから、子ども同士の関係性のないところで、45分や50分の中で少しずつ関係性をつくろうとします。前回の対談時にお話しいただいた、「ある子を切り捨てて授業を進めるということは、他の子もすべて切り捨てたことになる」という意味の木村先生の言葉が勉強になりました。一人の子が学級の中で切れてしまっている状態にあるということは、すなわち他の子も切れているということですよね。

木村　もちろんそうです。

菊池　そういう学級で例えば、「対話的な話し合いをやってください」と言ってもできるわけがありません。私の1時間の飛び込み授業で、そのきっかけは与えることができるかもし

れない、あるいは形を教えることはできるかもしれない。けれど、そこには深い学びは生まれません。やはり担任や学校が少なくとも1年間かけて丁寧に子ども同士をつなげていかなければ、そうした学びは無理なわけです。しかしながら、今の多くの学校にはそういう視点が抜けています。「読み・書き・計算」に代表される目に見える学力、その代表が全国学力調査ですが、その結果や通知に右往左往しているだけです。協同的な学びの中から子ども同士の関係性をつくる、ということはまったくやらず、見える学力を上げることばかりに躍起になっています。

木村 見える学力が10年先には役に立たないということは、みんな分かっているんです。見えない学力を育てることが、社会力であり、10年先に生きて働く力だということはみんな分かっているんだけれど、見えないからやらない。見える学力は分かりやすいでしょ。だからどんどん見える学力に流れていきます。

校長研修などでこの話をすると、皆さん「分かります」と言うんです。そこで、「じゃあ、自分は何からどうする?」と聞くと、たいていはマニュアルやノウハウを教えてくれという雰囲気になります。でも、もし、「こうしたらできますよ」なんて発信をしたら、そのマニュアルどおりにやることが目的になってしまうんですね。

菊池 なるほど。確かに私もノウハウや手法について話すことはあります。でも、それは複合的に絡んでいるものを、あえて「これ」と取り出しているんです。それを短絡的にしか捉えられないのは、教師の学びが一斉指導や知識重視の発想に毒されているからだろうと思います。「何か答えがあるだろう」「やり方があるはずだ」と考え、それだけを求めてしまうわけです。

木村 ずっと「授業改革」と叫ばれているのに、なぜここまで授業が変わらないかというと、過去のベースを基にして改革しようとしているからです。過去のベースがある限り、絶対に改革はできないと思います。いったん、すべてを捨てることが必要です。

菊池 私はそのことを、「観・論・術」でいうところの「観」を変えようと言っています。論や術をいくら変えたところでベースは同じです。そうではなく、最上位にある観が変われば、論も術も変わる。だから、「観を変えよう」と言い続けています。

例えば、学校づくりにおいて、「子どもにはこういうよさがある。そこから大人も学ぼう」とか、そういった声がもっと出てくるような学びや指導を大事にする、という発想にならないと、「そこ、動くな！　また違うことをしているじゃないか」という指導観になる。

木村 だから、目的の再確認が必要なんですよ。ところで最近、研修会にしろ講演にしろ、原稿なしでしゃべると、「最近私、同じようなことばかり話しているなあ」と思うことがよくあります。

菊池　それ、よくわかります（笑）。

木村　私は最近、「教員の専門性ってみんな何だと思っている？」という問いかけをすることが多くなったんです。教員の専門性を言い換えたら、教員が最低限やらなければならないこと。では、教員の専門性とは何か？　それは当然、塾の先生の専門性とは違うわけです。この問いかけをすると、みんな最初は黙ります。その後、質問に答えようとして、私がどんな正解を持っているかと探り始めますね。そのこと自体が大きな間違いです。

菊池　その思考こそが悪しき一斉指導に毒されているわけですよね。

画一的な学びの場では見えない学力は伸びない

木村　どんなふうに問いかけるかと言うと、講演に行ってホワイトボードがある時にはまず、「正解のない問いを問い続ける」と書いて、「これが学校での学びの基本やろ？」と確認します。そこから、「正解のない問いをみんな考えて。教員の専門性って何かな？」と言うと、参加者はみんな過去のベースを捨て、ゼロベースから考え始めて、悩むわけです。そうやって悩んでいるうちに、「小学校の6年間で身に付けた力が、10年後の社会で生きて働くことになる。その力は今獲得しなければ、取り戻すことができない。そういうことを考えたら、教員の専門性って何だろう?」といった話ができるようになってきます。

そうなると、みんなの次の発想は、「10年後の社会に必要な力って何だろう?」となり、「人とどう関係性を結ぶか」「人とどうつながるか」「多様な人の中で自分の考えをどう伝えるか」といった言葉がようやく出てきます。その時に「いい点数を取って、いい大学に行く力が必要」なんてことは誰一人言いません。保護者や地域住民など、教員以外の人達に「今の子ども達にとって10年後に必要な力は何だと思う?」と同じことを聞いても、やっぱり「勉強」や「点数」と言う人は一人もいません。それなのに、毎日の学校の生活の中では、「今回は点数が悪かったな」と叱ってしまう。

菊池 そうなんですよ。私も訪問した学校や講演でそういう話をさせていただく機会が多いのですが、今まで「学力」と答えた校長は一人だけです。この方は例外で、基本的にはゼロです。ところが、教室に行ったら、木村先生がおっしゃるように、点数にこだわる先生は多いし、「ちゃんとしなさい!」といった言葉を平気で発しています。

木村 その原因は、教室が画一的だからです。まず、子ども同士の関係性が多様なものであり得るという可能性を排除しています。座らないで教室をうろうろ歩いている子を排除して、みんなが座って学習規律を守って学んでいこうだなんて、そんな画一的な学びの場、画一的な子どもの関係性の中では、見えない学力は付けようがありません。

菊池　菊池道場（菊池先生が主宰する教育実践研究団体）はそこを変えたいと考えています。最低限の学習規律はあってもいい。でも本来は、一人一人の良さやらしさがあるからダイナミックな学びが生まれるはずなのに、そこに背を向けて、学習規律からはみ出す者を排除していく授業観、指導観、子ども観を変えていこうとしているところです。

木村　そうしなければ、「10年後には役に立たない」と、文部科学省も言っているんですよね。

菊池　もう数十年前から言われているにもかかわらず、やっぱり変わっていない。いろいろな学校や学級を見てきて、「9割は変わっていない」とよく発言するけど、実際は9割5分かなと思います。

木村　9割8分ですね（笑）。変わっていないどころか、ここ1〜2年、化石時代に逆戻りしているようにさえ感じています。

菊池　その最大の要因は、これまで何度も指摘してきた全国学力調査でしょうね。

木村　でも、「我々は順位をつけていない。あくまでも調査だ。マスコミが勝手に報道している」というのが文部科学省の言い分です。だったら、「マスコミが報じることは間違いだ」とも言うべきだけど、それは言えない。

菊池　つまり、実態として上から通達が来ているに等しいのだから、教員は点数を上げればいいと考えるわけです。そのために教科書がちゃんと進んで、勉強したという事実を残さなければいけない。だから、ワークシートを使って、正解を書かせて、できない子にはとりあえず写させる。そこだけにエネルギーが使われているように見えます。

木村　そんなことをしていて、教師自身が楽しいはずがありません。だから、学校がブラック企業化していると言われるんです。菊池先生が今言われたような授業のねらいの一つは――もちろん間違ったねらいですけど――先生が力をもちたい、ということだと思います。自分に自信がないから、子どもに馬鹿にされないように、子どもに超えられないように、先生自身が大きな正解をもっていたいということですね。

菊池　じつは最近、私も多くの学校でそういう話をしています（笑）。筆箱、ノート、教科書を出して、きちんと机の上に置く、他のものは出してはいけないという机の上のあり方一つとっても、先生が正解を全部握っていて、基本的に先生が説明して、たまに質問をさせて、賢い子が挙手をしてからその質問に答えるという授業の構図――つまり、先生がすべてを仕切りつつ知識を注入する一斉指導の構図になっています。

そうではなく、子どもが学びの主体になっていたとしたら、机の上に辞書や事典が出るだろうし、授業中に「ちょっと図書室に行って調べてきます」とか、「家でインターネットを使って調べてきたので発表させてください」とか、そういう発言が出るはずです。極論かもしれないけれど、机の上を見れば、子どもが主体的に学んでいるのか、教師主導による指導なのか、学びの規模がダイナミックかどうか、ある程度分かると思っています。

木村 同感ですね。「筆箱、ノート、教科書以外のものは出していけない」と言われても、興味のある子は、学習内容に関連する本や漫画をいくらでも出して読むものです。すると、「余計なものを出すな」と言われる。「どうして先生が学習意欲をそぐようなことをするんだ」という苦情に対抗するために、「決まっている学習規律ですから、守らなければならないのです」と、言い訳に使うわけですね。

菊池 学習規律はある程度あってもいい、使い方だとは思うけれど、「学校の決まりですから」と言い訳に使うことが多過ぎますね。小学校一校でクレームに対抗できなくなったら、「中学校区全体で決まりをつくっているのです」となる。

木村 まさにそれが大阪市です。中学校区どころか大阪市全体で決まりをつくっていますよ。

菊池 もっといくと、県のベーシックという、似たり寄ったりの学びのスタイルになっていきますね。学習規律を厳しくして、授業がベーシックのスタイルにいけばいくほど、学習と関連している本なのに机に上に出してはいけないといった誤った指導が行われるようになり、子どもの主体性は失われていきます。

木村 そうやって地域の宝が、全部どぶに捨てられているわけですよ。先生がもっている正解、もっと言えば学校がもっている正解の枠にはめなければ、学校は怖くてやっていけない、ということだと思います。

菊池 そうですね。怖いから学校は、「トラブルが起きないように」という一線だけを守ろうとします。いじめや不登校、保護者からのクレームを出さないようにと必死になるばかりです。

木村 学校だけがリスクを背負って、責任をもってやっている中で、子どもがどんどん不幸になっている事実があるわけです。「だったら、学校ってどうやってつくればいいの？」と考えたとき、大空小では、「すべての自分が主体になってつくろうぜ」というスタンスにしたわけです。だから、大空では「自分ではつくらないくせに、何言ってんの？」という言葉が普通に成立します。校長から「地域の人、どうぞやってください」なんて言われて地域の人々が満足しているようではダメで、地域の人々が、「校長が何を偉そうなこと言ってんの？　地域の学校なのだから、自分達で主体的にやるよ」と言えるようになってほしいのです。

菊池 これも高知県いの町で聞いた話ですけど、いの町の教員は県の職員ですから、当然ずっといの町に居るわけではありません。でも、昔はいの町の教員は、基本的に町内の学校を異動するだけだったので、自分達の町の子どもを育てているのだ、という思いが強かったそうです。ところが、今はもっと広い範囲でいろいろな地域に異動になるため、「いの町はいの町でこういうところを大事にしよう」と決めても、それを受け入れて実践する先生方よりも、県教委の方を向いてしまう先生方のほうが多いと言います。つまり、人事一つとっても、わが町のわが学校の子ども達に目が行きづらいシステムになってきているのではないかということです。考えてみると、多くの校長先生が2〜3年で異動になってしまうということは、「校長は何もするな」と言われているのと同じですね。

木村 文部科学省や教育委員会は、校長には変わったことはしないで、どんぐりの背比べでいてほしい、というのが本音でしょうね。どこかの学校が突出してしまうと困るわけです。それなのに文部科学省は今、独自の教育理念だとか独自の教育課程だとか言っています。

菊池 実際は校長がリーダーシップを発揮して、特色ある学校づくりをすることが難しいシステムになっているわけですね。学校現場に骨のあるリーダーが出にくいのは、システムの問題も関係しているように感じます。もっと言えば、学閥という問題もあります。例えば大阪なら大阪教育大学というトップの学閥があって、それ以外の大学の出身者より優遇されるシステムができあがっています。どの地域にも学閥による格差が存在します。こういうしがらみが膨大にある中で、管理職はさぞや仕事がしにくいだろうと思います。

木村 現時点で、大阪の教育委員会には厳然と学閥が残っています。でも、じつは、大阪市内に420校ある小中の義務教育の現場では、それが全て崩壊しました。

菊池　橋下徹前市長が潰していったんですよね？

木村　きっかけはそうですが、大きな要因は、管理職になろうとする人間がいないからです。昔は、その学閥から何人の校長、教頭を輩出するかということで力を堅持していました。みんな管理職試験に合格したいから、仕事を放り出して、その学閥の研修会にたくさんお金を使って出席していました。そうしないと推薦してもらえないという、バカみたいな時代が何十年と続いていたんです。

菊池　どこにでもある「〇〇会」ですね（笑）。

木村　そうそう（笑）。今では学閥は教育委員会の中には残っているけれど、現場にはなくなりました。橋下さんは学閥をぶっ壊したところはマル、でも余計なことをたくさんしたところはペケですね。だから今、多くの管理職は、学閥というベースすらない状態で、気づいたら何一つ自分の考えをもっていない自分がいて、路頭に迷っているというのが現実ではないでしょうか。だから研修会では「私はどこを見たらいいの？」とすぐに正解やノウハウを求めてしまいます。

そういえば菊池先生、最近、沖縄の石垣島に行かれませんでしたか？

菊池　はい、行きました。

木村　菊池先生のすぐ後に、私も呼ばれて行ったんですよ。講演の後に教育課の課長さんが「ちょっと前に菊池先生に来ていただいたら、『このままではダメだよ。崩壊するよ』と言われました。で、『どうしよう？』と悩んでいたのですが、今日、木村先生にも同じようなことを言われてしまいました。このままではダメですね。全部やり直さなければいけない。あぁ、自分達は今からどうすればいいんだ……」と落ち込んでいましたよ。

菊池　そうでしたか（笑）。その後、子どもが保護者から持たされたボイスレコーダーによって担任の暴言が発覚するという残念な事件がありました。

木村　そんな事件はざらにあります。それでも学校のほうが強いですよ。

菊池　一見矛盾しているようですけど、学校が強いということでもあるならば……。僕はある意味いいことだと思うんです。それが学校に期待しているということでもあるならば……。

木村　いえ、でもやっぱり、子どもですよ。子どもが安心して学んでいる、これほど強い事実はありません。学校が強いというのは、それでも学校が「ごめん、やり直す」と言わないということです。反省しなくてもいいから、やり直しさえすれば、日本の教育現場で今起きている問題の8割、9割は解決するはずです。

菊池　例えば、A先生がやり直したいとします。ところが、隣のクラスの学年主任は「子どもなんて9割叱って、たまにほめればいいんだ」というような信条をもっている。そして、校長はその学年主任を指導力があると評価していたとします。管理職も学年主任もやり直そうなんてまったく思っていないところで、A先生がやり直そうとしたら、学年主任は「何をしたいんだ。学年で足並みをそろえなさい」となり、学年主任を評価している校長も学年主任の意見を支持するでしょう。

あるいは、校長がやり直そうと思っても、現状では校長会で槍玉にあげられてしまう可能性が高い。名門校の校長なのであれば、なおさらやり直しなんてできないはずです。地域の隅っこの学校長なら、「触らないでおこう」と考えるかもしれません。

木村 まさに国会と同じ構図やな。

菊池 実際に、学校のなかでもやり直しをしたいと思っている人は居るし、心ある教育長や管理職の中にもしっかり学校をつくっていこうと考えている人は居ます。その声をどう拾っていくかが大事なのではないでしょうか。インクルーシブ教育の問題も、学校のブラック企業化（教員の多忙）の問題も、解決の糸口はそこだと思います。

木村 そういう問題には、お金のほかに名誉の利権が絡んでいます。これまで自分のやってきたことを否定されたくない、自分の偉さを誇りたい、自分の言うことに、今、何人がついて来ているか……。だから偉い人達は、やり直しなんてできません。

でも、だからこそ菊池先生や私が、微力ながら呼ばれればどこにでも伺って、セミナーや研修会の講師としてお話しさせていただいているわけですけどね。

菊池　困難であっても、現場から変えようという姿勢も必要ですよね。一教諭が学校現場を変えようとするのであれば、管理職や学年主任に負けないように、今所属している学校組織の中で、丁寧に丁寧に説明しつつ、根回しをしていく必要があります。私にはそれができなかったわけですが……（苦笑）。これからの心ある先生方は、学校外でもサークルを作ったり、研究会に参加したりして学びつつ、校内でも地道に変えていくための戦いを続けていく――これを両方、百と百の力でやらなければならない。両方やらないと潰れますよ。

木村　菊池先生のセミナーに参加した若い先生方は、「よし！　変えよう！」と思って現場に帰るわけです。でも、一人だから、きっと現場で潰されてしまうでしょう。でも、そうした努力を続けていくうちに、現場で一人が二人になることがあります。そうなったら儲《もう》けものです。二人になったら、次は四人になり、四人になれば、次は八人になる。職員室で八人が同じ方向を向いていれば、「どうでもいいや」と思っていた人教職員は、全部こっちを向きます。どんな組織でも、「どうでもいいや」と思っている人がほとんどで、そういう人は誰が力をもっていて、誰についていけば安泰かしか考えていません。

先ほどお話しした香川の子も、「先生、やりすぎちゃうん?」と正直に言ったばかりに、みんなが離れていってしまった。でも、その子が言ったことが正しいという事実を、教師が教室の中でつくったなら、多くの子ども達が、「自分達もこっちを向いていいんだ、先生についていかなくてもいいんだ」となります。これが、世論が変わるということ。だから、「この子が言ったことは悪くない。いいことなんだ、大事なんだ」という空気を、その学校、その教室でつくらなければなりません。

菊池　学級崩壊が増えて、これだけ当たり前になっているという現実は、私達に「考え方を根本的に変えなければならない」ということを突き付けているはずです。学級崩壊が出始めた頃から、従来の授業のやり方ではダメだ、という子どもからのサインがあったにもかかわらず、力や手遅れのハウツーで抑えようとしてきた。

木村　その通りです。簡単なくくりで言えば、一人の先生が授業をすることによって、全ての子どもが学びを獲得できるという化石文化の考えからは、脱却しなければならないということです。

菊池　それこそ、一斉指導の象徴ですね。

木村　だから、授業をしていて、子どもが後ろばかり向いていて、うまくいかないのだったら、次の時間は別の先生にどんどん入れ替わればいい。例えばそれを教科担任制のようにすると、マニュアルになってしまいます。教科担任制と、子どもの状況に応じて授業を変えるということは違います。授業が勝負なのだから、授業によって授業者が替わっていく――。

これだけでも学級崩壊はほとんど起こらなくなるでしょう。授業者は誰でもいいんですよ。ある教師が潰れかかったのなら、管理職が授業をしてもいいでしょう。とにかく他の先生に授業者が替わって、潰れかかった先生もその授業を見ながら子ども達と一緒に学ぶ。授業を見ていたら、どんな先生であっても子どもの反応など、一つや二つは得るものがあるでしょう。そうなったら、その先生と子どもは同志になります。

つまり、柔軟な構造の学校チームが、総体として子どもをどう育てるか、という見方、考え方をしないといけません。一教員が一学級を何とかするという教育技術では、もう学校はもたないでしょうね。教員に必要な力は、授業研究だとか子ども理解だとか、数十年前から言われていますが、今はそんなことをメインにしていたら、子どもは潰れてしまいます。今の教員に必要な力は、「他者の力を活用する力」ですよ。私はそう思っています。

教師の多忙感をどう解消するか

菊池　最近よく、夜遅くまで先生方が残って仕事をされていると聞きます。私は現役時代、五時には帰る（そして、しばしば飲みに行く）タイプだったので、先生方は何をそんなに遅くまでやっているのだろうと不思議に思っていました。おそらく教材研究をしたり、個別の指導計画を立てたりしているのでしょうが——確かにそれはやらないよりはやったほうがいいかもしれませんが——多忙感を増すばかりで、子どもの成長には大してつながっていないのではないかと思っています。

木村　放課後、教材研究と言いながら、多くの時間を使って、教員同士が子どもや保護者、上司の愚痴を言い、傷のなめ合いのようなことをしていますよね。彼らはみんな、自分に力がないことは自覚している。でも、そういう集団の中で自分一人が責められるのは怖い。だから、自分だけ傷つかないために、職員室の和を大切にしているというわけです。

菊池　子どもではなく、職員室のほうを向いているということは、結局、教職員の目が怖いということですよね。

チームビルディングの初期段階は緊張期、混乱期だと言いますけど、職員室崩壊、つまり、職員室がチームになっていない、組織としてうまく機能していないというのは、一年間ずっと緊張期、混乱期のままなのだと思います。そんな状態で誰かが、「あの子がまた悪いことをしたのよ」と言った時には、それに同調しておかないと弾かれるという空気が生まれます。だから彼らは悪口の輪の中に入らざるを得ません、同調することでレベルの低いチームをつくっているんですね。

木村　本当は、「先生、そうやって子どもの悪口を言う前に、その子が何に困っているのかを見ませんか？」と言わなければいけません。一人の大人なら、そうした言葉を口にすべきです。自分が一人の子どもの前の、一人の大人だと思ったら、「先生、その子のことをそんなにおっしゃいますけど、その子は困っているのではないですか？　先生、その子のことをもう一回きちんと見つめ直してみましょう」と言うべきです。そういう言葉を、職員室で自信をもって言える人が増えていかなければいけません。それを言ったら、「何、あの先生」と陰口をたたかれたりするだろうけど、そんな反応には動じず言い続けていけば、一人が二人、二人が四人になっていきます。最初の一人をどうつくるか。職員室の中では無理だと言うなら、まずは外部でつくればいいと思います。

菊池　両方でつくるべきですね。勤務校で頑張りつつ、自分を奮い立たせてくれる外部の学びのネットワークにも参加して、バランスを保って双方を往来しながらやっていくことが、教師としての成長につながるはずです。

木村　子どもを見て、子どものことを語っていさえすれば、絶対に一人ぼっちになることはありません。なぜなら、子ども達は必ずその先生のほうを向くからです。子どもがこっちを向いてくれたら、保護者もこっちを向いてくれます。職員室にどんなに反対勢力があろうとも、一人ぼっちになることはありません。一人ぼっちになると思い込んでいるから、言えないだけです。

菊池　いい意味で教室は、職員室とは関係のない世界ですからね。

木村「一人で正論を言っていたら、職員室で浮くじゃないか」という不安な気持ちを、自分の中から抹消しなければいけません。

菊池　そうですね。僕は、同調することだけを目的としたネガティブな群れが職員室からなくなれば、教員の多忙感はかなりの部分が解消されるはずだと思っています。

木村　そうです。教師の多忙感を解消するためには、子どもが育つことしかありません。

今、教師は保護者のクレームや、モンスターペアレントへの対応に膨大な時間を割いています。管理職はおそらく、そうした対応に最大の時間を使っているのではないかと思います。ではそこから生まれる多忙感をどうすればいいかというと、クレームをなくす学校づくりをすればいい。

大空小では、いわゆるモンスターペアレントへの対応時間はゼロでした。なぜ、モンスターペアレントがいなかったかというと、一つは、大空では保護者も「みんなの学校」をつくる主体だから。もう一つは、一日の終わりに、子どもが必ず納得して帰宅するからです。なぜ子どもが納得して帰るのかといえば、大空では一日中他者と対話ができて、お互いが納得するような関わりを持ちながら、それぞれに学んでいるからです。

菊池　僕は、今言われている教師の多忙感の最大要因は、教師の指導が今の子ども達の現実と齟齬《そご》をきたしているからだと考えています。学校現場が教育観を変えきれず、旧来の悪しき一斉指導を続けている結果、子どもや保護者から強く反発され、それが多忙感につながっているのだと考えています。ところで、教育委員会から下りてくる膨大な調査書類も間違いなく多忙感の一因ですけど、大空小ではどのように処理されていたのですか？

木村　確かに、文部科学省や大阪市から山のように下りてきました。でも、私は一切、担任にそういう調査をさせませんでした。なぜ、わざわざ担任が書かなければならないかといえば、担任でないと分からない学校をつくっているからでしょう？　いじめがあるか、ないかを調査しなければ分からない学校なんておかしいのであって、大空では毎日子ども達が「さよならメッセージ」（一日の終わりに、全員の子どもがその日の気づきなどを自由に書いて提出する）を書いていますから、ほとんど把握できています。だから、調査が来ても、全部私と教頭とで書いて、「こんなん出すけどいい？」と、教員に確認するだけでした。そんなわけで、大空小では、調査書類の作成や事務処理などによって教員の多忙感が増すということはありませんでしたね。

菊池　木村先生ほどではないにしても、心ある管理職の方は、担任の負担にならないよう、少なからず何らかの配慮をされていますね。

木村　そもそも文部科学省だって、調査結果に期待なんかしていませんよ。やったという事実を残さなければいけないから、やっているだけで……（笑）。

教師が多忙を感じる要因として、ややこしい子への対応も、モンスターペアレントへの対応も、事務処理も、すべて一人で抱え込んでやってしまうこともあります。

モンスターペアレントは出てこないようにしなければならないけど、出てきた場合は、担任に対するクレームであれ何であれ、その親を納得させるようなメンバーをそろえて対応すればいい。学校チームの力、他人の力をフル活用して、そういう対応メンバーをそろえてしまえば、すぐに片付きます。

菊池　今、木村先生の話を聞いて思い出したことがあります。20年ほど前に勤務していた学校は、モンスターペアレントがとても多い学校でした。中でもいちばんクレームの激しい親の対応を私がした時期があります。僕は、その子の姉を一年間だけ担任したことがあって、「菊池先生なら、あの子のことを私はしゃべる」ということで、学年も学級も違うのに私が担当することになったわけです。その親が学校に来ると、授業中であっても私は教室を出て、「なぜ僕が……」と思いつつも対応に当たっていました。でも、これは結果的に言えばチームとして動いていたわけですね。その親が納得して帰ると、「お疲れ様！」と職員室から拍手が起こっていましたよ。

木村　そうです、それなんです！　では、ややこしい子への対応についてはどうでしょうか。担任がややこしい子を一人で抱え込んで、蓋をしてしまうから、その子に対して何もできずに、授業がどんどん遅れていくわけです。授業が遅れることは、教員にとって大きな負担です。「このややこしい子がいるから授業が遅れる。隣のクラスは、みんなが座って聞いているのに、なんで、うちのクラスだけ……」とストレスがたまっていきます。でも、そこで、「この子が教室にいられないような授業をしている自分をやり直そう」と考えることができれば、教師のストレスや多忙感はなくなるはずです。だって、そう考えることで教師自身が学べるわけで、それは本来楽しいことだからです。

役割分担制では子どもは育たない

菊池　今のお話は気になる子が出てきた場合の対応ですけど、やっぱり、出てこないようにすることが大事ですね。そのためには、教師の子どもを見る目や教育観の変革が必要です。たとえ担任一人であれ、観を変えて、子ども同士が関わっていくという学びをつくることができれば、気になる子も同じ教室で学べるわけですから。

木村 そういう先生の学級からは、そもそもややこしい子は出ませんけどね。

菊池 もっといいのは、そういう子どもを見る目を持った先生方同士がチームを組み、その学級に対して、その時点でいい関係性や状況にある先生が授業をするというスタイルですよね。つまり、多様な大人が子どもを見ていく、ということです。

木村 その子どもにとって今、誰がいちばんいいのかと大人達が考え抜いた上で出てきた人間については、子どもは瞬時に納得します。子どもが問題行動を起こすのは、目の前の大人について、彼らが納得できていないからです。だから、大事なのは「チームの中の力をどう活用するか」です。これは校長のリーダーシップとは違いますよ。それぞれの教職員がどれだけ自分のチームを見ているかということです。その場合、教職員一人一人に主体性があります。

大空小では、学校チームが機能しやすいように、戦略的な組織づくりをしていました。若手はL研（リーダー研）と呼ばれ、前に出て率先して行動する。中堅のC研（センター研）は、学校の中核を担う。経験豊富なB研（ベテラン研）はL研、C研のバックアップを行います。人ではなく、この組織が継続しているから、私がいなくなっても理念はつながっているのだと思います。

菊池 木村先生が今おっしゃった、「子どもにとっていちばんいいかどうか」というのがすごく重要だと思います。
今、学校には校務分掌があって、生徒指導担当、人権教育担当等が決まっていて、その役割に当てはめて、「あなた生徒指導なんだから、ちょっと行ってきて」とやっています。でも、現実的に生徒指導の資質がない先生が行ったって、どうにもならないわけですよね。突き詰めて言えば、「学校を役割分担制にしてはいけない」ということになるのではないでしょうか。

木村 そうですね。学校チームは、校務分掌に引っ張られてはいけません。校務分掌は化石時代のものです。大空小は、校務分掌を全部変えました。ＣＣ（child consultant）部というのをつくったんです。面白半分でネーミングしたんですけどね。

菊池 いや、ネーミングの力は大きいですよ。

木村 じつはそうなんです。日本語で「子ども担当」というと、こういうものかなあ、となんとなく見えてしまう。でも、英語で「child consultant」となった時、「何だ、これ？」とみんなが思うところがミソなんです。分からないから、分からないところからつくっていけるわけですね。
今、大空に在籍している教職員の中で、子どもといっぱいしゃべっていて、子どもの心を引き出すのが得意で、それを吸収できる人をＣＣ部のメンバーにします。子どものことで何か起きれば、すべてCC部に放り込みます。このCC部がある限り、必ず何とかなりますので、全教職員が安心することができます。

私が校長をしていた時代には、映画『みんなの学校』にも出てきた特別支援コーディネーター二人と私が、CC部のメンバーでした。これは校長とコーディネーターだから、と言う理由で決めたのではありません。学校の中で子どもがいちばん心を開いて、いちばんものを言いやすい三人を当てたのです。

逆に言えば、学校の中でいちばん子どもを引き付け、子どもが安心できるメンバーが学級担任をもたず、特別支援の担当になっているということです。これが今の学校にもっとも必要な組織です。

菊池 管理職と学年主任だけで行う企画会もどうかと思います。小規模校でも、まず企画会をして、その後に職員会議を開きますね。最初から一緒にやればいいじゃないかと思います。

木村 はい。大空ではもちろんやめましたよ（笑）。学校文化として、企画会で決めたことを職員会議にかける時、教職員から何か意見が出ても、すべてを封じて企画会で作った原案を通さなければならない、というシナリオがありますね。要はトップダウンということです。化石時代にのみ有効だったそういうシステムが、このダイバーシティの時代に必要なはずはありません。

これからの公教育をどう変えていくべきか

菊池　教育界にはこれまで、ある先生の主義主張が注目を浴びても、それを継続して発展させていく人が育たないという歴史がありました。そしてその後にまた別の主義主張が出てくるということを繰り返してきました。私は今、そういう流れを変えたいと思っています。

木村　菊池先生がおっしゃったことを言い換えるなら、理念さえぶれなければ、誰でもできるパブリックをつくらなければならないということです。この人だからとか、カリスマだから、などと言っている時代ではなく、みんながやらなければならない時代です。

菊池　理念よりも方法論を伝えるセミナーや研究会により多くの人が集い、結局、理念は継承されず、また別のものが出てくる。ずっとその繰り返しです。

木村　そうですね。その要因は、先生達に四つの力（見えない学力）が付いていないからです。四つの力が付いていれば、理念は絶対にぶれません。

見えない学力が付いていない先生は、子ども達に対しても見える学力ばかりを付けようとするから、子ども達はどんどん死んでいくし、学校に来られない子は増えるし、特別支援学級も増えていく。でも、見えない学力を優先順位のトップに据えれば、子どもは学びの場で安心して自分を出すことができます。安心して自分を出せるようになれば、義務教育で最低限付けなければならない学力は必ず身に付きます。

それ以上に学力を付ける必要があるなら、家庭教育として行えばいい。医者になる子どもを育てることは、公教育の目的の中には入っていません。公教育で最低限の学力さえ付けておけば、子ども達はそれぞれに必要な力を家庭の中で必ず獲得していきます。

菊池　私の感覚で言えば、見えない学力を優先するというのは当たり前のことです。見える学力（全国学力調査結果）の順位を上げようと思ったら、真ん中辺りの子ども達をちょっと鍛えればいい。そうすれば平均点が上がって、結果的に順位も上がります。それなのになぜ、学校全体で過去問等のテスト対策をしなければならないのでしょうか。学校や地域の順位を上げて、「対策をしていますから」と胸を張っていることが不思議でなりません。

木村　なぜそれをしているかというと、学校が自分達の子どもの育ちを見ないで、「あそこがやっているのに、うちの学校がやらなければ、保護者や地域から文句を言われる……」と、社会の風潮を見ながら、合わせているからです。じつは、そのモデルがどこにあったかというと秋田だと思います。秋田県が1位だったあの時代に、全国から先生達がこぞって勉強に行きましたからね。

菊池　私達から見ると悪しき一斉指導を、まだ続けることが可能な都道府県だけが上位にランキングされているわけですね。秋田にだってそうした学びに合わないお子さんがいて、不登校は増えています。あるいは、順位を上げようとしたばかりに、適応障害を起こした子どもがどんどん特別支援学級に入れられている地域も増えている。残念な状況がどんどん加速しているのが今の学校現場です。

木村　学校の中でいちばん困っている子、いちばんしんどい子、いちばん課題を背負わされている子が、今、どんどん不幸になっています。こうした現状を放置しておいて、社会が豊かになるわけがありません。その一点だけを見ても、大人達は「変えなければならない」と感じるはずですけどね。

菊池　ですからやはり、教師の都合で子どもを隔離せず、子ども同士をどうつなぐかということに軸足を置くべきですね。子ども同士がつながるということが、社会性を身に付けるいちばんの武器になります。たとえ先生のことを嫌いであったとしても、子ども同士がつながっていれば、子どもは学んでいくことができるわけですから。

木村　子ども達の心の声は、それを求めています。２０１７年の9月に、大空小学校と東京大学大学院教育学研究科は交流連携協定を結びました。その協定調印式の後、二代目校長の市場（達朗）が講演をして、最後に「子ども達はいつもみんな一緒に学びたいと願っている」というスライドを出しました。この言葉が、大空小が1年目からいちばん大事にしている教育の根幹です。子ども達って、本来みんな一緒に学びたいんです。

菊池　そうですね。子ども同士はみんな友達です。でも、気になる子の態度が気に食わない担任が、強権を発動して彼らを分断します。分断することによって、教師の権威を保とうとします。

木村　そのやり方で教師が成功したのが、先ほど話した香川の事例です。女性教員がA君を分離して、その子以外の子どもを自分の後ろに集めることができた。そして、A君は一人になってしまった……。

やっぱり今の時代は、「いいことはいい。おかしいことはおかしい」と、自分の言葉で言える大人がどれだけいるかだと思います。

菊池　木村先生がおっしゃる根幹が教師になければ、授業が形としてアクティブ・ラーニング風に見えても、やはり一斉指導に近いということでしょうね。教師が指導して、そういう学びの形を整えているだけ、ということになるのではないでしょうか。

教師自身の学びのスタイルにしてもそうです。例えばセミナーや講演会は1対100、校内研修でも1対20という構図になります。そういう構図になった途端に、一斉指導で知識を受け取るという学びのスタイルになってしまう。参加する側が「何か役に立つ知識を得られるだろう。何か面白いネタを学べるかもしれない。ハウツー増えるかなぁ」と、そんな感覚になってしまいます。いわゆる指導力をあげれば良しとする教師の学びの文化が、かつてはありました。管理職やお局といわれる人達はその時代を生きてきたから、若い人達にもそれを強要します。でも、今は、早急に教師の学びのあり方を変えることが不可欠です。

木村　菊池先生の言葉は、自分が現在進行形で子どもと学び続けていらっしゃる方の言葉です。でも、今の教育現場を主にリードしているのは、現場の子どもを知らない教育学者達の言葉です。生きている子どもの実態を伴っていない教育学者達の言葉だけが独り歩きするから、本来目指さなければいけないものがどこかへいってしまう。特別支援教育に、医学モデルが大きく入ってくることになったのもそれが原因です。現場の教師達は、特別支援教育の研修会に行って学べば学ぶほど、分離教育を勧められることになります。国は、実際には分離教育を勧めているのにもかかわらず、一方でインクルーシブ教育という大きな御旗も掲げている。だから現場も、特別支援教育を頑張ればその先にインクルーシブ教育が成立すると本気で思ってしまっています。

菊池　全国各地で飛び込み授業をする時、多くの場合「大変な子がいます」と聞かされてから教室に行きます。でも、実際にはほとんどの子はそんなに大変ではありません。ちょっと落ち着きがないとか、反抗的だとか、俗に言う気になる子という程度です。外部から来た僕にわざわざ大げさに言うのは、職員室に向かって言っているのではないかと感じてしまいます。「私はこんなに大変なんです」と、放課後の職員室での悪口大会に入るための言葉のような気がします。

木村 だから、大空小では職員室でのコミュニケーションを、悪口大会ではなく、対話に変えました。「自分はあの子にうまく関われていない。どうすればいい？」「こうしたらいいんじゃないかな」「じゃあ、私は明日こうしてみる」――。こういう対話があって、明日その子がふと前を向いたら、みんなが楽しいじゃないですか。これこそがチーム力です。教職員チームがそういう状態であれば、校長は一人一人の教員を「A・B・C・D」と評価することはできません。校長が「お前はA」「お前はD」と評価できる状況をつくっているから、教職員が校長の顔色ばかり窺うようになってしまうのです。

本来のチーム力とは、一人の子どもの学びを保障するために、多様な価値観の大人が自分にできることを行うことです。その一人の子は、多様な大人の多様な価値観のどれかに親近感を覚えるから、安心して学校に来られる。ということは、教室の中がそれまでの凝り固まった空気感から、その子が来やすい多様な空気感に変わっている。イコール、多様な学びが保障されている、ということです。

菊池　かつて私の尊敬する先生の学級に、なかなか授業に参加しづらい子どもが一人いたのですが、その先生は、「この授業をしたら、あいつは笑うかな」と、ワクワクしながら教室に行った、と話しておられました。それをチームでもやりましょうということですよね。

木村　そうですね。気になる子というのは、先生がその子に関われば関わるほど、もっと気になっていきます。その子が気にならないように、周囲の子ども達を育てると、学級は成立します。

菊池　気になる子をいったんスルーするのだけど、その一方で学校の総力を結集してプラスのストロークをしつつ、子ども同士の関係性を育てていくということですね。

先ほど少しお話ししましたが、私が担任した最後の学級に居たS君は、6月になっても授業中にたびたび寝ていました。私はある時、学級の子ども達を、「君達は友達なのに、なぜS君をここまで放っておいたんだ！」と叱ったことがあります。

ただし、子ども同士の関係をつくるといっても、「この子も絶対に育つはずだ」と信じている教師のもとでないと難しいでしょうね。それを信じていない教師が、いくら「みんなでつながりましょう」と言ったところで、子どもは見抜いてしまうものです。

木村　そうですね。子どもは鋭いですよ。菊池先生がS君の成長を信じた上で本気で叱ったことを、学級の子ども達は感じ取ったでしょうね。

教師が特定の気になる子ばかりを指導していたとしたら、その指導はもう、暴力に変わっています。先生が関われば関わるほど、その子と周りの子ども達は分断されていきます。でも、例えば「授業中、この子が楽しくないのはなぜなのかな?」と、みんなで考えることができたら、その子は邪魔な存在ではなくなります。その子と楽しめる授業をするにはどうすればいいかを考える――。教師にとっても、周りの子ども達にとっても、それが学びになります。

やっぱり大人にとっても、子どもにとっても、学びって楽しいものなんです。学びとは、自分が変われるということを感じること。それは、生涯にわたって絶対に楽しい。そして自らが学ぶことを楽しんでいる先生がいれば、子ども達も生き生きと学び始めます。

全ての教師が「教える主体」ではなく、「学びの主体」に変わること。それが日本の教育を変えることにつながります。

菊池　初回の対談でもお話しした通り、悪しき一斉指導を排し、教育「観」を転換すること。「子ども同士がつながり、安心して学べる環境があれば、見える学力も上がる」ことを、教師が実感を伴って理解できれば、学校は変わっていくと思います。

木村　２０２０年に全面実施される学習指導要領を、教育を良い方向に変えるチャンスとして活用しましょう。最後のチャンスになるかもしれません。

大切なのは、何かをやろうとしたとき、大きく物事を動かそうとしたときに、一緒にやろうとしてくれる人たち、すなわち改革のためのベースをどれだけつくれるか、です。菊池先生には全国に54の支部を持つ菊池道場がありますし、私も（校長退任後）この2年間多くの学校を回って確実な手応えを感じつつあります。今、私は、それぞれの地域に「よし、一緒にやろう！」と動き出せるベースをつくっている段階です。

菊池　草の根的にやる一方で、戦略的な仕掛けも必要ですね。大空小学校が東京大学と交流連携協定を結んだのも、大きな流れにするための戦略ですよね。

木村　もちろんですよ。大空小学校と東京大学大学院教育学研究科は、インクルーシブ教育に関する実践と研究を共同で行う交流連携協定に調印しました。現校長の市場（達朗）が尽力したことで、私は何もしていませんけど。既に両校の間で先生や学生、児童の交流が活発になっています（２０１８年2月11日には、東京大学で「フル・インクルーシブ教育を実現するための学校づくり・授業づくり—自分の学校で「みんなの学校」をつくるために—」というシンポジウムが開かれ、大空小の教員2名が招かれた）。

菊池　木村先生のように、私も戦略的に戦い続けたいと思います。最近、酒席でよく口走ってしまうのですが、「負けるかバカヤロー！」ですよ（笑）。

木村　いいですねえ（笑）。じつは先日、北九州市で少し手応えを感じました。１０００人収容の大ホールで『みんなの学校』上映会が開かれ、その後、講演をしました。

当日、控室に通されたら、普通はせいぜい10人くらいの実行委員の方々が、全部で40人ほどもいらっしゃいました。そして、その方々がみんな、めちゃくちゃ熱い人達なんです。どういう人達なのかと思って聞いたら、保護者や地域の住民でした。その中には、あくまで個人として参加しているドクターや教育次長さん、市議会議員さんも居ました。

菊池　そうですか。北九州市も捨てたものではありませんね。学校が閉鎖的になり過ぎているから、「このままではだめだ。何か変えなければ」と思った人達が立ち上がったのでしょうか。そうであってほしいと思います。

――先生方、のべ12時間以上にわたりご協力いただき、ありがとうございました。

菊池　木村先生、ありがとうございました。いろいろと勉強になりました。

木村　こちらこそありがとうございました。とても楽しい時間でした。

木村泰子によるあとがき

「指の骨が折れそうになるまで拍手をしよう！」

教室に入ってこられた菊池先生の第一声でした。新任教員が受け持つ二年生の子どもたちは、身体中で拍手をしています。私の前に座っていた男の子は手に包帯を巻いていました。私の顔を見て「オレ、ほんまに骨折れてるねん」と言いながらギブスを巻いた手で嬉しそうに一所懸命拍手をしているのです。初めて出会わせていただいた菊池先生の授業の始まりでした。

今回の本の企画でお会いするまで、「拍手のシャワーって？」と、少し疑問に感じていました。拍手って身体の中から自然と湧いて出てくるものなのに、あえて「拍手のシャワーを」と菊池先生がおっしゃる意図はどこにあるのだろうと思っていました。

各地での講演が終わった後、司会の方が「今一度大きな拍手を」と、よく言われます（シナリオにセリフが書いてあるからだと思います）。そんな時はいったん置いたマイクを再度持って、「とってつけた拍手は要求してはいけません。さっき皆さん方からいただいた拍手が本物です。子どもたちにもお礼や拍手を要求する学校文化はなくしませんか」と、言い続けてきました。ある時、そんな私の言葉に参加者の方から「菊池先生の拍手のシャワーはどう思われますか」と、聞かれることがありました。きっと、木村と菊池先生とは真逆のことを言っていると感じられたのだと思います。

そんな時に対談のチャンスをいただき、本物の菊池先生と出会いました。初めて出会った人とは思えないくらい出会った瞬間から遠慮なくしゃべり続けました。本音の話が次から次へとつながっていくのです。「いいものはいい・おかしなことはおかしい」がつながっていくのです。

高知県いの町での菊池先生の授業は、誰一人見逃さない授業実践ここにあり、というものでした。授業の途中で一人の子どもが机の上に伏せて周りの子どもとつながっていないかのような空気の時、新任の担任がその子のそばにぴったりと寄り添ってずっとかかわっています。私は心の中で（先生、じゃましたらあかん。向こうへ行き）と叫んでいました。大空小では、実際にその担任に言葉を発していたでしょう。困っている子どもがいるから、教師として懸命にかかわっているつもりなのでしょうが、この教師のかかわりが子ども同士の学び合いを邪魔するのです。授業後、菊池先生が、私が気になっていたまさにその場面について、「教師が邪魔をしないほうがいいですね」とおっしゃいました。一人の子どもが授業の中で一人ぼっちになっているとすれば、この瞬間がピンチをチャンスに変える学びの場です。「あそこは教師とその子がつながるチャンスなのではなく、その子と周りの子どもたちをどうつなげていくかを学ぶチャンスなのです」と説明されました。私は、授業の中のこの瞬間の課題を、ドンピシャに菊池先生と共有できたことに喜びを感じました。

教師の専門性は子どもと子どもをつなぐことです。その目的のための手段が「ほめ言葉のシャワー」であり「指の骨が折れそうになるくらいの拍手」なのですね。これまでの私の疑問を菊池先生にぶつけたとき、「ほめるという行為が形骸化してしまっては何の意味もないのです」と言われました。目的は、すべての子どもが授業の中で学び合う事実をつくることであり、そのために個を大切にした授業をしなければならないのだ、と熱く語ってくださいました。私は納得し、大きくうなずきました。

現在の日本の教育の流れの中で、心ある教師が何人も現場を離れていきます。私は、菊池先生に対しても『現場で子どもを守ってほしかった』という思いを持っていました。ところが、本物の菊池先生に出会うと、今でも「授業」に挑戦し続けておられます。全国の子どもたちと「授業」で真剣に学び合っている一人の教師の姿がありました。

その翌日、私は「全校道徳」の授業にチャレンジさせていただきました。テーマは「自分がサンタクロースだったら、いの小学校にどんなプレゼントを届けますか」です。子どもも大人も自分の考えをもって伝え合いました。子どもたちは大人が自分の考えをみんなの中で伝えることに目を凝らし、驚きにも似た表情で大喜びするのです。講堂中の子どもたちが「わぁー」と歓喜に満ち溢れ、しばらく話を聞く空気はできませんでした。その時、私はこの空気をつくったのは私なのに、自分の都合で「静かに話を聞いて」などとは到底言えるものではなく、喜ぶだけ喜んだらいいよ、と思いながら子どもが自然に静まるのをにこにこしながら待ちました。

授業後、菊池先生が私に、こんなことを伝えられたのです。

「子どもを喜ぶだけ喜ばせて、静かにしろと怒る教師が多いですよね。教師が喜ばせておいて静かにとは勝手な話です」ドンピシャ、パート2でした。

私は今、年にほんの数回の授業をさせていただく機会があるのですが、菊池先生の毎日は授業との勝負です。そんな菊池先生をとても羨ましく思っている今日この頃です。

菊池先生との出会いは、目の前の子どもの姿で授業を語り合える自分でいることへの決意をより明確にしていただきました。真摯に「授業」を大切に学び続ける同志として、これからもつながっていていただきたいと願います。

初めてお会いした時のとびっきりの第一印象は、「メチャ脚が長い先生」でした。

菊池先生、これからもよろしくお願いします。

二〇一八年　二月二一日　木村泰子

菊池省三によるあとがき

木村泰子先生との出会いは衝撃でした。圧倒的なパワーに驚きました。全国学力・学習状況調査の是非、教育委員会の問題、管理職のリーダーシップのあり方、変わらない旧態依然とした教師の指導観の問題……歯に衣を着せぬそれらのお話は痛快でもありました。そして、多くのことを学ばせていただきました。日頃の「もやもや感」が吹っ飛んだ、という表現がぴったりの木村先生との時間でした。タテマエ抜きでお話ができました。「楽しかった」の一言です。

対談をさせていただく度に、私が北九州市で33年間思っていたことやしていたこと、現在考え行っていることが、「あれでよかったんだ。それでいいんだ。自信を持って前に進め」と、背中を強く押していただいた気がしました。

木村先生の、「私がずっと大事にしてきたのは、子どもだけです。相手がどんな保護者や教員であろうとも、『子どもが大事』という一点だけは絶対に譲りませんでした」というお言葉は、最初にお会いした時の、「私たちは、子どもを育てることでお給料をもらっているんです」というお言葉と共に、私の今の考え方の芯となっています。「大人が見るべきところは、大人ではなくて、目の前の子どもだ、という一点です」というお言葉も、私の覚悟を強くさせていただきました。

私が教育特使を務めている高知県いの町の学校で、「全校道徳」の授業を初めて生で見せていただきました。印象に残っている場面がいくつもありました。その中から一つ。

少し体育館が騒がしくなったときに、「聞いていない人はいないと思う。しゃべっている人がいて、邪魔だと思う人がいたら、周りの人が変わればいい。私が変身すればいい」と話された場面です。楽しさのあまりおしゃべりをしていた子どものところに、担任の先生が中に入り注意していた場面です。絶妙なタイミングでのお言葉でした。

私も年間100時間ほどの飛び込み授業を行います。一番迷惑なのは、担任の先生や支援員さんが、「気になる子」に要らない介入をされる時です。いつも、「そこがいちばんのおいしいところなのに……」「だから、子ども同士のつながりができないんだ……」「周りが育たないと、その子も育たないのに……」と思っていたのです。「指導」という名のもとに、子どもたちの関係性や成長の芽を摘み取っている教師が多いのです。毎回の飛び込み授業で、そのあたりのことを感じていた私にとって、木村先生のお言葉は「その通り！」と思いました。スカッとした瞬間でした。

授業後の若い先生方との協議会も楽しい時間でした。学習規律が話題になった時です。キチンと椅子に座らせたいと考えている若手教師に対し、「姿勢がちゃんとしていないとなぜダメなの？」「ちゃんとしているから聞いているということではないでしょ」「そんな『見える学力』のことばかりを考えていたら、大切にしないといけない『見えない学力』が育たないでしょ」……と言われました。それらのお言葉が印象に残っています。

形にばかり目が行き、整理整頓の「整える」ことを重視する今の教育界の風潮に辟易していた私にとって、木村先生の口から発せられるお言葉は心地よいものでした。「整える」から、ピアノの調律の「調える」という指導が重要だと考えている私の中でストンと落ちるものばかりでした。

私は、現在、全国の学校に行っています。その数は、年間で２００か所を超えます。そこには、変わらない教育現場があります。３年前に「変えよう」と北九州市を飛び出しました。全国に仲間ができ、その数は増え続けています。とてもうれしいことです。

が、正直、気持ちが萎えそうになる時もありました。疲れた表情を私が見せていたのでしょうか、そんな私を「菊池先生、まるで人体実験みたいだね」と表現された先生もいました。

でも、今回の木村先生との学びを得て、「本気で変えよう」という気持ちになっています。「絶対に変わるはずだ」という気持ちになっています。「教育を、現場から本気で変えよう」という気持ちになっているのです。

「戦う実践者」、木村泰子先生の背中を追いかけながら、私もそのお仲間に入れていただき、「戦い続ける」ことをお約束します。

出会いに感謝しています。木村泰子先生、本当にありがとうございます。これからもよろしくお願いいたします。

二〇一八年　二月二八日　　　菊池省三

木村泰子（大阪市立大空小学校初代校長）
きむら・やすこ。映画『みんなの学校』の舞台となった、全ての子どもの学習権を保障する学校、大阪市立大空小学校初代校長。障害の有無にかかわらず、全ての子どもが互いの個性を活かしつつ同じ場で学び合える教育を具現した。著書に『「みんなの学校」が教えてくれたこと』『「みんなの学校」流・自ら学ぶ子の育て方』（小学館）などがある。

菊池省三（前福岡県北九州市立小学校教諭・教育実践研究家）
きくち・しょうぞう。1959年愛媛県生まれ。2014年度まで福岡県北九州市の小学校教諭を務め、退職。現在、教育実践研究サークル「菊池道場」主宰、高知県いの町教育特使。『公社会に役立つ人間を育てる 菊池道場流 道徳教育』（中村堂）、『菊池省三流　奇跡の学級づくり』『菊池省三の学級づくり方程式』（小学館）ほか著書多数。

タテマエ抜きの教育論
教育を、現場から本気で変えよう！

2018年３月28日　初版第一刷発行

著　者　木村　泰子
　　　　菊池　省三
発行者　杉本　隆
発行所　株式会社　小学館
〒101-8001　東京都千代田区一ツ橋２－３－１
電話　編集：03-3230-5683　販売：03-5281-3555
印　刷　萩原印刷株式会社
製　本　株式会社若林製本工場
取材・文　長　昌之
編　集　白石正明

Printed in Japan　ISBN 978-4-09-840193-2